世界这么大，总要去看看！

让我猜猜你最喜欢哪个地方？

看世界 阅山河

藏梦工作室 编　　拾字文化 绘

应急管理出版社
·北京·

图书在版编目（CIP）数据

看世界 阅山河 / 藏梦工作室编. -- 北京 : 应急管理出版社，2025.（2025.8 重印） -- ISBN 978-7-5237-1297-9

Ⅰ. K91-49

中国国家版本馆 CIP 数据核字第 2025J5Z947 号

看世界 阅山河

编　　者　藏梦工作室
责任编辑　王　坤　陈棣芳
封面设计　王淑聪

出版发行　应急管理出版社（北京市朝阳区芍药居 35 号　100029）
电　　话　010－84657898（总编室）　010－84657880（读者服务部）
网　　址　www. cciph. com. cn
印　　刷　三河市华骏印务包装有限公司
经　　销　全国新华书店

开　　本　787mm×1092mm 1/16　**印张**　8　**字数**　120 千字
版　　次　2025 年 7 月第 1 版　2025 年 8 月第 2 次印刷
社内编号　20250210　　**定价**　59. 80 元

目录 CONTENTS

黄鶴樓

跨越经纬

以脚步丈量文明的纵深

仰帝都中轴的雄伟气魄，
瞰北国风光的壮美诗行，
踏丝路驼铃的交响长廊，
探西南秘境的鬼斧神工，
溯中原文明的千年根脉，
寻江南园林的古色古香，
访岭南山水的墨染画卷，
观异域文明的万象剪影。

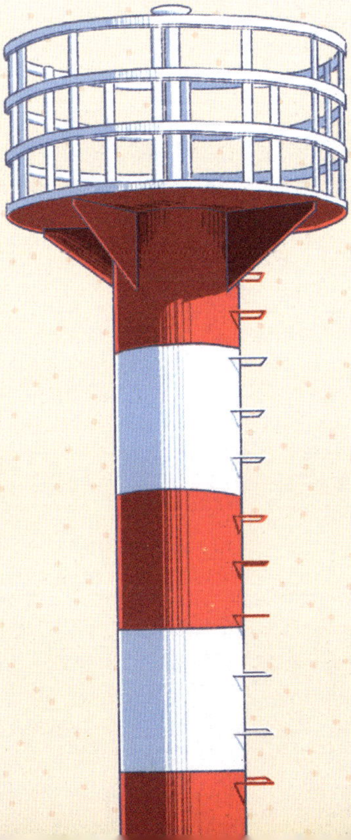

山河无言，却容纳文明的重量；
步履所至，皆是世界的诗行。

流经主要地形区：青藏高原→云贵高原→四川盆地→长江中下游平原

流经省级行政区：青海—西藏—四川—云南—重庆—湖北—湖南—江西—安徽—江苏—上海

雪山摇篮曲——长江的发源地

青藏高原唐古拉山脉各拉丹东峰西南

在各拉丹东峰西南侧雪山之巅，冰川融水流下，亿万条细流汇聚成沱沱河，这就是长江之源。

长江是中华文明之脉，历经约5000万年的地质演化，在中华大地上刻画出壮丽的“水系脉络”。从源头沱沱河的涓涓细流，到金沙江的激流险滩，再到长江三峡的壮丽画卷，长江见证了良渚先民的诞生与辉煌。

金沙江

主要工程

都江堰
战国无坝引水典范

三峡大坝
世界最大水电站

南水北调中线工程
世界规模最大、距离最长的调水工程

长江

中华文明的水上交响曲

- 亚洲第一长河、世界第三长河
- 发源于青藏高原唐古拉山脉，流经11个省级行政区，最终注入东海，全长6300余千米
- 世界最大清洁能源走廊、黄金水道、重要的天然物种基因库

呈“V”字形，多峡谷，落差大，水流速度快，水能资源丰富。

长江上游

山水史诗长廊——长江三峡

重庆奉节至湖北宜昌

在瞿塘峡西口夔门北岸，一座白墙黛瓦的江畔山城——白帝城悬于彩云之间。白帝城是三峡的人文标志。三国时期刘备在此向诸葛亮托付后事，留下“白帝城托孤”的千古传奇。

瞿塘峡

两岸断崖如削，是三峡中最短、最雄伟险峻的一段。

巫峡

十二峰夹江对峙，神女峰守望千年，是三峡中景观最秀丽的一段。

西陵峡

航道曲折、礁石密布（现大多已被淹没），是三峡中最长的一段。船工号子曾在此回荡。

朝辞白帝彩云间，
千里江陵一日还。

三峡大坝——世界上最大的水电站

治水即是治国，治水之道是重要的治国之道。孙中山先生早在《实业计划》中就提出了要修建三峡大坝。三峡大坝建成，不仅可以减轻洪涝灾害，还可以发电、改善通航条件。1994 年三峡工程正式开工，这一世纪工程终于从宏伟蓝图变为现实，造福中国人民。

珍稀水生动物档案

候鸟的天堂——鄱阳湖、洞庭湖

江西北部、湖南北部

鄱阳湖和洞庭湖分别是中国季节性第一大和第二大淡水湖。它们是东亚－澳大利西亚迁飞路线上众多候鸟的驿站，每年有成千上万只候鸟在这里越冬。被称为“水中大熊猫”的长江江豚仍在此栖息，而白鱀豚已功能性灭绝。

河道曲折，河湖众多。

长江中游

江面开阔，水流平稳，航运价值高。

长江下游

黄河

孕育华夏的文明脐带

中国第二长河、世界含沙量最大的河流

发源于青藏高原巴颜喀拉山脉，流经9省区，最终注入渤海，全长5464千米

中华民族的母亲河、中国古文明发源地之一

黄河之源探秘——藏在山脉深处的秘境

青海省巴颜喀拉山脉

“黄河之水天上来，奔流到海不复回。”其实，黄河的源头不在天上，而藏在巴颜喀拉山脉深处。这里有一片高原秘境叫星宿海，大小不一、形状各异的湖泊如同打翻的星空棋盘。古人认为这里是黄河的发源地。

黄河的峡谷奇观——龙羊峡

青海省共和县与贵德县之间黄河干流上

黄河穿过龙羊峡，在全长33千米的峡谷中玩起了“水上过山车”，此处河道天然落差大，蕴藏着丰富的水能资源。1989年建成的龙羊峡水电站，最大坝高178米，像一道“铁闸”拦住了奔涌的河水，在此形成一片辽阔的人工湖。这片水域的容量相当于1700多个西湖水量总和，成为黄河流域调节水量、防洪发电的枢纽。

▲ 龙羊峡水电站

黄河上游第一座大型梯级电站

▲ 刘家峡水电站

中国首座百万千瓦级大型水电站

黄河九曲第一湾

黄河的“大回旋”——黄河九曲第一湾

四川省阿坝藏族羌族自治州若尔盖县唐克镇

黄河从青海流入甘肃，经甘南玛曲县迂回转向，最终在唐克镇迎来了一次壮丽的转折，形成了独特的“S”形弯道，被称为“黄河九曲第一湾”。

内蒙古河口镇

黄河上游（源头—河口镇）
峡谷多，落差大，有很多水电站

黄河中游（河口镇—桃花峪）
水量大增，含沙量大增

黄河下游（桃花峪—渤海湾）
水流变缓，泥沙淤积，形成“地上河”

流经的主要地形区：青藏高原→内蒙古高原→黄土高原→华北平原

黄河的水幕奇观——壶口瀑布

壶口瀑布

晋陕交界

当三四百米宽的黄河突然挤进50多米的“壶嘴”，就上演了一部动人心魄的“水幕电影”。在30多米的落差中，黄河水的轰鸣声堪比近距离直升机的轰鸣。冬天，瀑布形成冰凌，在阳光下折射出七彩霓虹，这是壶口瀑布独有的奇观。

三门峡水电站

新中国第一座大型综合水利枢纽

小浪底水力发电站

河南桃花峪

黄河的悬河之谜——开封

黄河流到开封，河床明显高出地面。这是因为黄河挟带的大量泥沙，在流经下游平缓河道时慢慢堆积，使河床不断抬高。为了防止水害，开封黄河沿岸的人们不断加高大堤，逐渐形成了河高于城的“地上悬河”。

开封“地上河”示意图

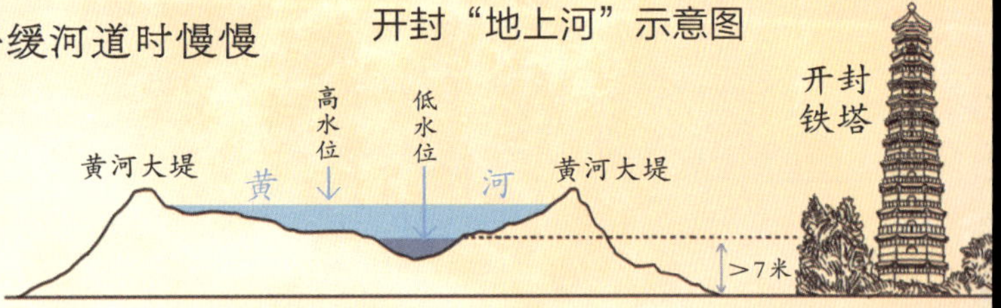

开封还藏着独特的“城摞城”奇观——地下叠压着6座不同朝代的古城，分别为战国的大梁城、唐代的汴州城、北宋的东京城、金代的汴京城、明代的开封城和清代的开封城。

京杭大运河

贯穿南北的千年水廊

- 始凿于春秋时期，是世界上开凿最早、里程最长的人工河
- 南起余杭（今杭州），北达涿郡（今北京）
- “南水北调”东线工程主要通道之一、2014 年入选《世界文化遗产名录》

运河“第一铲”

春秋末期，吴王夫差为争夺中原霸权，在长江三角洲开凿了邗沟，挖出了运河的“第一铲土”。邗沟连通长江和淮河，成为大运河最早修建的一段。

运河“截弯取直”

隋炀帝时期，发动百万民众，耗时六年，一条以洛阳为中心，南起余杭，北达涿郡的大运河应运而生。元世祖忽必烈对河道“截弯取直”——弃洛阳而取直北京，缩短航程九百多千米，奠定了今日京杭大运河的基本格局。

京杭大运河最南端的地标是杭州拱宸桥，它是杭州城区古桥中最高最长的石拱桥。

第一段

北运河的局部倒流

路线：北京通州→天津三岔河口（180 千米）

北运河的通惠河段因北京地势较高而形成局部倒流，但北运河整体仍为南向流动，且京杭大运河其他河段也存在类似流向变化。

第二段

鲁运河的“翻山魔术”

挑战：山东南旺镇是运河最高点，号称“水脊”。

明朝农民工程师白英，主持修建“水柜”系统（类似现代水库），把汶河水引到“水脊”——南旺镇，七分北流、三分南流，实现“自动分配”。为了便利航运，还修建了水闸，货船像坐“水上电梯”逐级爬升。

第三段

中运河的“蛟龙过江”

惊险任务：这里波涛汹涌，暗流如巨兽潜伏。

大运河需要在黄河、淮河两大水系的夹击中，开辟一条稳定航道。这被古人称为“龙腹穿针”——就像在翻滚的巨龙肚皮上绣花。明朝潘季驯发明“束水攻沙”法，通过修筑遥堤、缕堤体系约束黄河水流，利用加速的水流冲刷河底泥沙，硬生生在黄河北岸“抠”出航道。

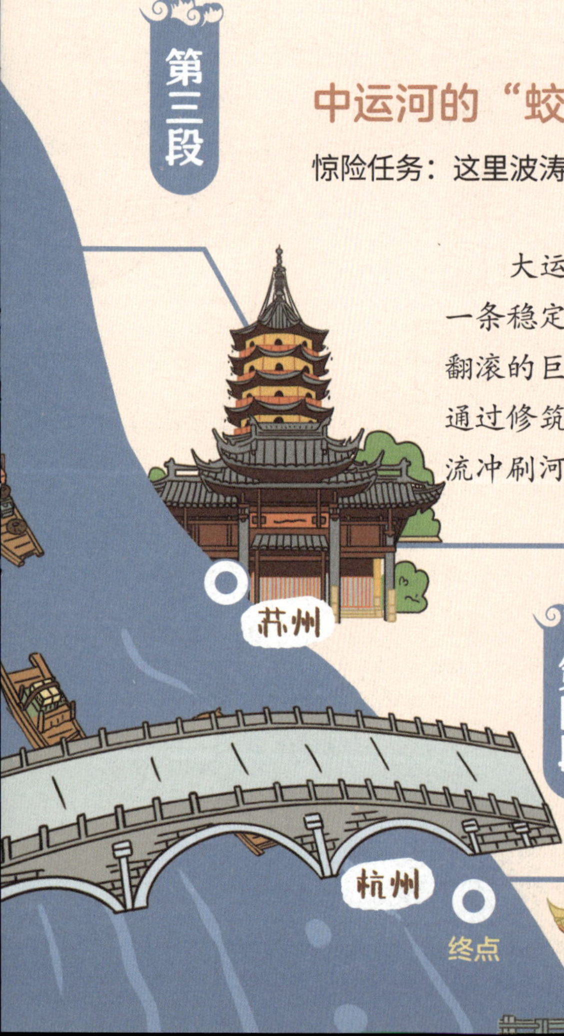

第四段

江南运河的“终极美景”

从苏州到杭州的河道，是运河的“高光段落”，连桥洞都藏着玄机。

长城

巨龙背上的中华脊梁

- 世界文化遗产，“世界新七大奇迹”之一
- 东起鸭绿江，西至嘉峪关，全长约 7300 千米
- 世界上修建时间最长、工程量最大的古代防御工程

长城的组成

长城是由城墙、敌楼、关城、墩堡、营城、卫所、镇城、烽火台等多种防御工事组成的一个完整的军事防御工程体系。

历史进程

春秋战国 初建长城

秦代 万里长城

汉代 修筑完善

隋代 连贯成线

明代 完善阶段

→ 地跨河北、山西、内蒙古、北京、天津等诸多省、自治区、直辖市。

长城的『生产线』——建造过程

01 勘查与规划

古代工匠们先对地形进行勘查，确定修筑的路线，设置关口、烽火台等工事。

03 采石与砖瓦制作

工匠们开山采石，加工成条石，并烧制城砖。

小知识

如何在海拔约 2000 米的燕山山脉上修筑长城？

因地制宜，据险制塞。顺着山脊走“之”字线，既省材料又易防守！

04 城墙修建

工匠们先深挖地基，然后用石块和砖瓦垒砌城墙，并在墙体内部设置暗沟等排水设施。

技术难题

长城的修建需要克服许多技术难题。在古代，没有现代机械设备的辅助，施工主要依靠人力和简单的工具。在修建长城过程中，古代工匠们发明了许多建筑技术和工具，如夯土技术、拼装技术等。

02 动员劳力

数百万古代劳动人民参与了长城的修筑。

长城是世界上修建时间最长，工程量最大的古代防御工程，需要大量的人力和物力才能完成。

烽火台

古代的军事警报系统

通过点燃烽火，释放烟雾等信号，将信息传给远方。

敌楼

士兵的瞭望堡垒

兼具驻防、瞭望、作战三重功能。

关城

长城的防御枢纽

主要兵力驻扎地，设在易守难攻之处，抵御入侵。

丝路的『四大驿站』

河西走廊

黄金通道

霍去病击败匈奴后，打通了河西走廊。这条东起乌鞘岭，西至敦煌的狭长通道，被誉为丝绸之路的“黄金段”，留有丰富的丝路文化遗存。

敦煌

丝路明珠

敦煌位于河西走廊的最西端，是古代丝绸之路的咽喉之地。各地的商人在此会聚，进行商品交换，使敦煌成为东西方经济、文化交融的枢纽。

西域探险记

张骞两次出使西域

前 138 年和前 119 年，张骞两次出使西域，沟通了许多西域国家，此后中原和西域开始频繁的贸易往来。

设置西域都护府

前 60 年，匈奴部分势力归降汉朝，西汉设置西域都护府，实现了中央王朝对西域地区的有效管理。

班超再度出使西域

73 年，班超率 36 位勇士再度出使西域，巩固了东汉在西域的统治，保护了丝绸之路的畅通。

丝绸之路

连接东西方的传奇之路

- 汉武帝时期开通
- 东起西安，经河西走廊、天山南北麓，到中亚、西亚
- 东西方交流之路、“一带一路”倡议的历史根基

2100 多年前，张骞手持汉节踏出长安城门，打通了连接东西方的文明通道——开拓了跨区域贸易网络，促进了亚欧经济繁荣；随着商队的往来，东西方文化、宗教在丝绸之路上持续碰撞与融合，产生了跨越千年的深远影响。

通往西域的门户

玉门关是丝绸之路北线通往西域的要隘。古代西域的美玉经此关传入中原，玉门关因此而得名。

西出故人情

阳关是丝绸之路南线必经的关隘，因在玉门关以南而得名。现存的阳关烽燧高约 4.7 米，攀登烽顶，方圆数十里尽收眼底，故称“阳关耳目”。

凉州词（王之涣）

黄河远上白云间，一片孤城万仞山。
羌笛何须怨杨柳，春风不度玉门关。

送元二使安西（王维）

渭城朝雨浥轻尘，客舍青青柳色新。
劝君更尽一杯酒，西出阳关无故人。

丝路“名人堂”

法显（西行取经的先驱）

身份： 东晋名僧

主要成就： 著有《佛国记》。他的著作展示了佛教从印度传入中国的路径，以及沿途的风土人情。

玄奘（西行取经的传奇）

身份： 唐朝高僧

主要成就： 玄奘携带大量佛经从印度返回长安，并进行翻译。他还把西行经历的各个国家的地理、风俗情况进行口述，由弟子编成《大唐西域记》。

茶马古道

横断山脉中的千年商道

- 始于唐，兴于宋，繁盛于明清
- 世界海拔最高的古商道（平均海拔 2500 米以上）
- 川藏道、滇藏道与青藏道（甘青道）三条干道为主线

文成公主入藏

文成公主嫁给吐蕃的松赞干布后，大唐和吐蕃之间的文化交流日益频繁，饮茶习俗传入吐蕃，逐渐形成社会风气。

名称里的文化密码

茶马古道是唐代以来连接中国西南与西北地区的一条重要商路，因为在这条路线上运输茶叶和马匹最为频繁，故被称为“茶马古道”。

云南大叶种

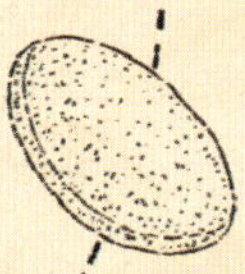

将茶叶加工成茶饼

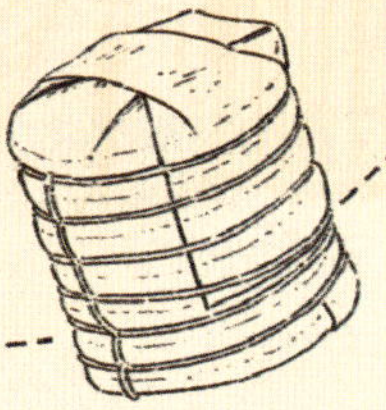

用笋壳包装茶饼

马帮驮运

茶马互市： 唐朝时吐蕃兴起，中原人发现藏民“宁可三日无粮，不可一日无茶”，而中原急需吐蕃等地的战马对抗北方游牧民族，因此“茶马互市”开始形成。宋朝正式建立了“茶马互市”制度。

雏形 唐宋

牦牛道： 秦汉时期，蜀地和雅安地区的商人用四川特产茶叶和当时称为牦牛羌、牦牛夷等部落进行骡马、牦牛贸易的一段道路，是蜀身毒道的一部分，是早期茶马贸易通道的代表之一。

起源 汉朝

茶叶与战马

“一叶渡千山”

以中国的云南、四川为起点，经西藏地区延伸至不丹、尼泊尔和印度等南亚国家，甚至远达西亚、中亚和东南亚各国。

马帮文化

古代交通方式有限，“马帮”就成了茶马古道上最主要的运输力量。他们穿越高山峡谷，将茶叶、药材等物资运往藏区，同时带回马匹、牛羊等。在长途运输的过程中形成了独特的“马帮文化”。

穿越世界屋脊

滇藏线：以云南普洱茶为主

最美

这条线穿越横断山脉和青藏高原，沿途风景壮丽，有高山峡谷、雪山草原、森林湖泊等自然景观。

川藏线：以四川的砖茶为主

最险

这条线经过四川盆地和青藏高原的过渡地带，地势起伏较大，有许多著名的历史文化景点，如**泸定桥**、康定情歌风景区等。

“马蹄踏万川”的千年对话

元朝

发展

古道驿站：西藏正式纳入中国版图，元朝在藏区大兴驿站，使四川西部与西藏间的茶马大道大大延伸。

明清

繁荣

政策保障：明朝制定了关于藏区用茶的生产、销售、贩运、税收等一系列法规和制度，避免茶商扰乱市场。四川成为“茶马互市”的主要贸易区，川藏“茶马贸易”进一步推动了茶马古道的发展。

北京中轴线

贯穿千年古都的文化基因密码

始建于13世纪，形成于16世纪，至今已有750多年历史

北起钟鼓楼，南至永定门，共15个地标性建筑，全长7.8千米

2024年被列入《世界遗产名录》，是世界上最长的城市轴线

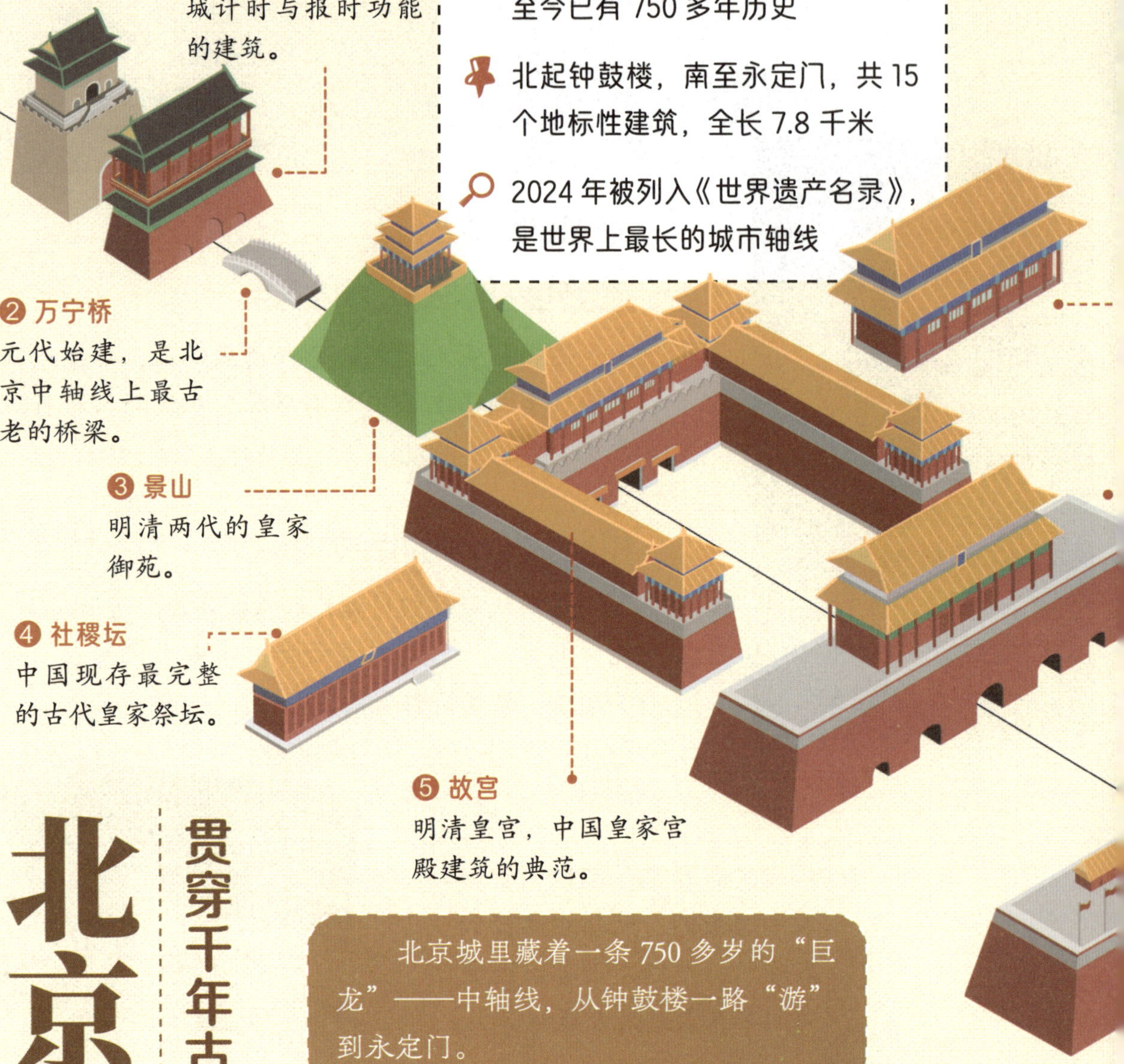

① 钟鼓楼
明清时期承担北京城计时与报时功能的建筑。

② 万宁桥
元代始建，是北京中轴线上最古老的桥梁。

③ 景山
明清两代的皇家御苑。

④ 社稷坛
中国现存最完整的古代皇家祭坛。

⑤ 故宫
明清皇宫，中国皇家宫殿建筑的典范。

北京城里藏着一条750多岁的“巨龙”——中轴线，从钟鼓楼一路“游”到永定门。

历代帝王的共同杰作

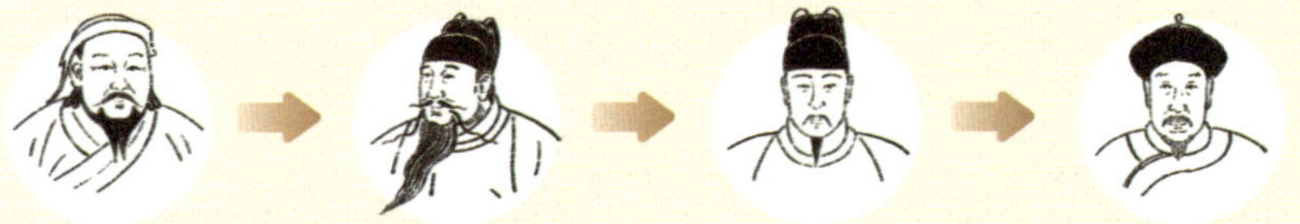

元世祖
建成约3.75千米的中轴线。

明成祖
扩建北京城，将中轴线延长1千米。

明世宗
营建北京外城，再次将中轴线向南延长，形成全长7.8千米的城市轴线。

清高宗
建造五方亭，其中万春亭是中轴线上的制高点。

⑥ 太庙

明清两代的皇家祖庙。

⑦ 端门

古代皇城的南门，是明清进出宫城的前导性建筑。

⑧ 天安门

以城楼为主体的建筑，是明清两代的皇城正门，现在仍承担着重要的礼仪功能。

古人对“中”的崇拜

北京中轴线蕴藏着古人的一种价值理念——“以中为尊，居中而治”，体现了中国古人理想中的“秩序之美”。这符合《考工记》所记载的传统都城的理想范式——“左祖右社”“面朝后市”，即城市总体布局以中轴线为中心，左边为祖庙，右边为社稷坛，朝堂在前，市场在后。

⑨ 外金水桥

纵跨于东西向的外金水河上，以北京中轴线对称分布。

⑩ 天安门广场及建筑群

北京中轴线的核心位置，已成为国家活动和人民文化活动的重要举办地。

⑪ 正阳门

北京内城的正南门，由南北纵置的城楼与箭楼两座高大建筑构成。

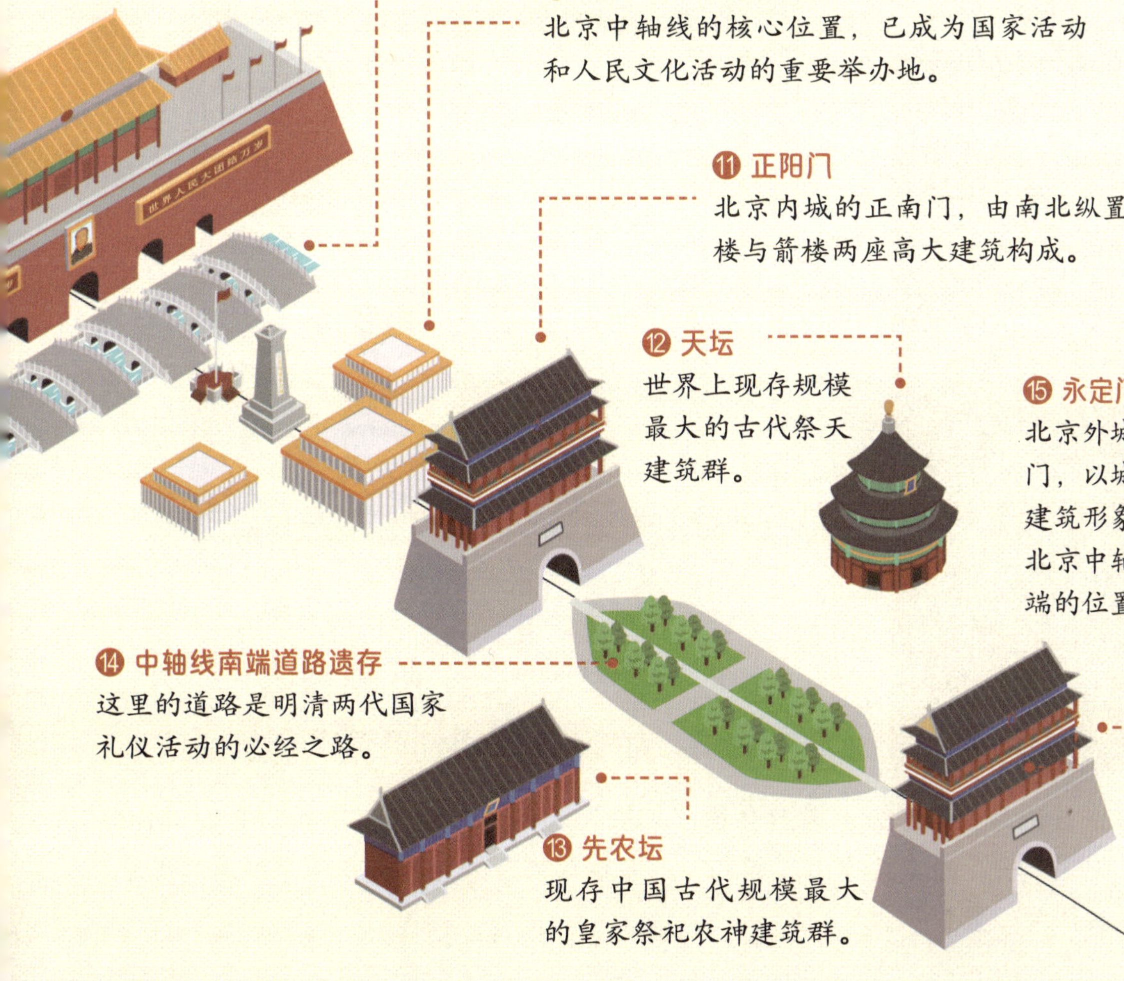

⑫ 天坛

世界上现存规模最大的古代祭天建筑群。

⑮ 永定门

北京外城正南门，以城楼的建筑形象标识北京中轴线南端的位置。

⑭ 中轴线南端道路遗存

这里的道路是明清两代国家礼仪活动的必经之路。

⑬ 先农坛

现存中国古代规模最大的皇家祭祀农神建筑群。

故宫

红墙黄瓦里的历史密码

紫禁城，现为故宫博物院

北京市东城区

世界上规模最大、保存最完整的木质结构宫殿建筑群；
1987 年被列为世界文化遗产

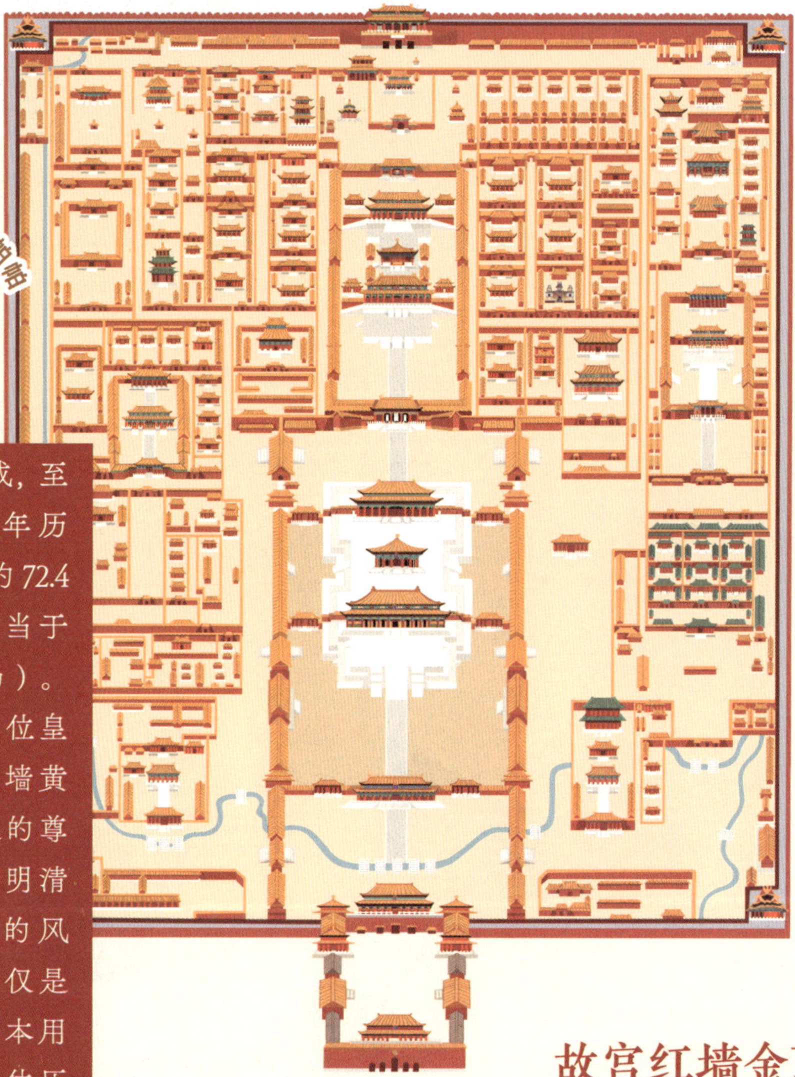

1420 年建成，至今已有 600 余年历史。占地面积约 72.4 万平方米（相当于 100 个足球场）。这里是明清 24 位皇帝的住所，红墙黄瓦代表了皇家的尊贵，也见证了明清两朝近 500 年的风云变幻。它不仅是宫殿，更是一本用砖瓦写就的立体历史书。

故宫红墙金顶，为何被称为“紫”禁城呢？

皇帝自认为受命于天，因此自称“天子”。古人认为天帝居住的宫殿叫紫微宫，就把“天子”的宫殿称为“紫宫”。而皇宫对百姓而言，是一个绝对的禁地，所以又被称为“紫禁”。

“五脊六兽”是什么？

五脊六兽是中国宫殿式建筑构造的屋顶装饰性构件。五脊就是五条屋脊，包括一条正脊和四条垂脊。六兽就是屋脊上的兽形构件，正脊两端有吞兽，垂脊排列着五个蹲兽。蹲兽的数量有严格的等级规定，只有太和殿可以用十个蹲兽。

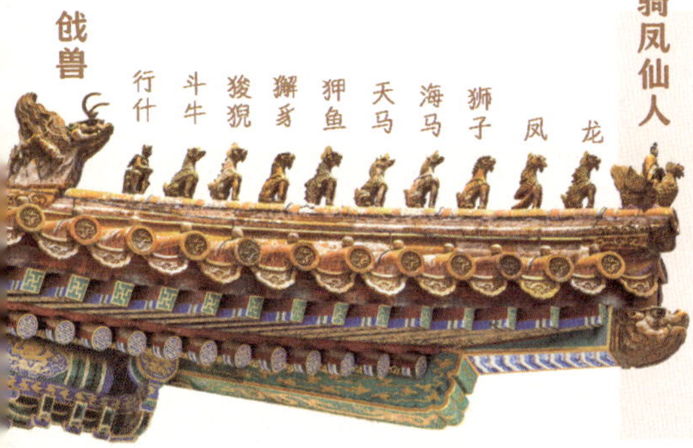

顺口溜

太和殿上的神兽

一龙二凤三狮子，
海马天马六狎鱼，
狻猊獬豸九斗牛，
最后行什像个猴。

清代皇帝的一天

5:00~7:00	早读 早膳
7:00~11:00	上朝
11:00~14:30	午休 晚膳
14:30~17:00	理政 娱乐
17:00~21:00	礼佛 就寝

故宫建筑为何能屹立数百年而不倒？

故宫的建筑大多是木质的，而且是经过精挑细选的上等木材。这些木材通过榫卯结构结合在一起。故宫的建筑师把榫卯结构运用到极致，榫头和卯眼就像拼图一样，严丝合缝地拼在一起，使建筑十分牢固。

故宫的稀世珍宝

故宫收藏有 180 多万件(套)珍贵文物，涵盖绘画、书法、陶瓷、铜器等多个领域。

宫廷礼器
乾隆款金嵌珠石金瓯永固杯

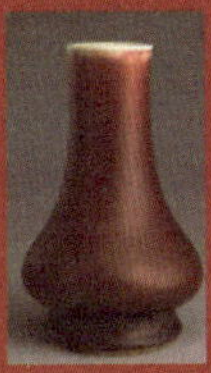

陶瓷
郎窑红釉穿带直口瓶

玉器
玉云龙纹炉

钟表
黑漆彩绘楼阁群仙祝寿钟

书画
清明上河图(局部)

生僻字注音 戗(qiāng) 狎(xiá) 狻(suān) 猊(ní) 獬(xiè) 豸(zhì)

天坛

皇帝的神秘“许愿池”

天坛为明清两代皇帝祭天、祈谷的场所，是世界上现存最大的古代祭天建筑群，建成于明永乐十八年（1420 年），嘉靖九年（1530 年）改名为“天坛”。**明清两代先后有 22 位皇帝在此举行过 654 次祭天大典。**

- 已有 600 多年历史，占地面积比三个故宫还大，气势恢宏
- 北京市东城区永定门大街东侧
- 1998 年被列入《世界遗产名录》

天坛的建筑会“说话”

古人认为天是圆的，地是方的，所以天坛的主要建筑是圆形的，比如祈年殿上部和圜丘坛。

这里的建筑有很多古代“黑科技”，每一处都暗藏玄机。祈年殿、皇穹宇、圜丘坛，是天坛的三大代表性建筑。让我们一起来探究它们的建筑奥秘吧！

圜丘坛

这里是皇帝和上天直接对话的地方。站在中间的“天心石”上喊一声，声音特别响亮，仿佛能传到天上。坛面的台阶和栏杆数量都是 9 或 9 的倍数，因为古人认为“9”是最大的数，至高至大。三层圆坛象征天、地、人，寓意天地人和谐共处。

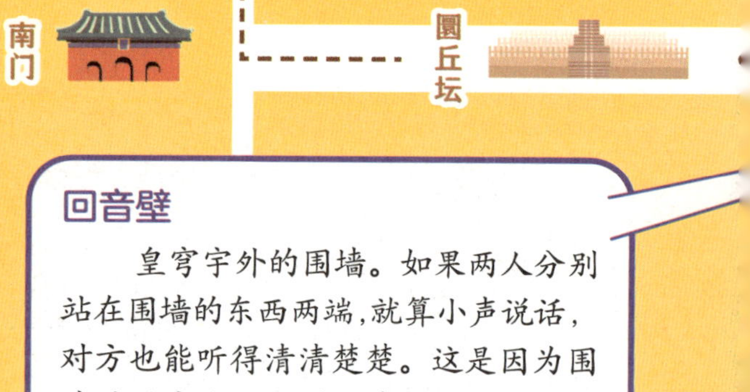

回音壁

皇穹宇外的围墙。如果两人分别站在围墙的东西两端，就算小声说话，对方也能听得清清楚楚。这是因为围墙的弧度十分规则，墙面光滑平整，声波可以沿着墙内面连续反射，向前传播。这是古人巧妙利用**建筑声学**的成果。

声学 三音石

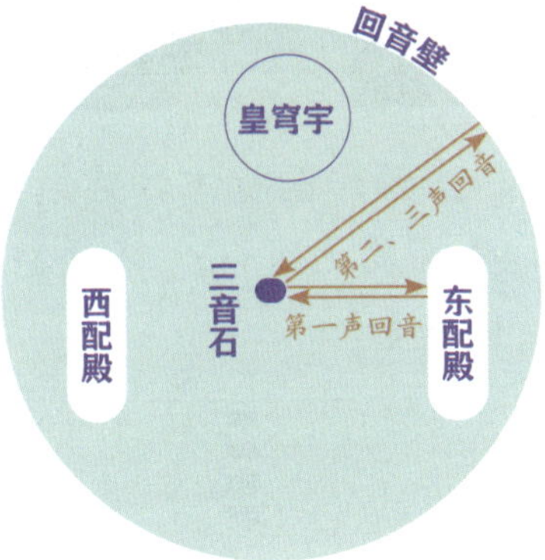

形成原因

三音石是皇穹宇殿前的第三块石板，位于圆形回音壁的圆心位置，从这里发出的声波经过三次反射，均能回到圆心；又因两个反射体到圆心的距离差别较大，所以能听到三声回音。

打卡路线 天坛探险指南

如果你来天坛，建议你按照这条路线“打卡”游览，既能玩得开心，又能学到知识。

东门→七星石→北神厨→祈年殿→皇穹宇→圜丘坛→斋宫→月季园→百花亭→双环万寿亭→西门

颐和园

浑然天成的皇家园林

这是一座会讲故事的园林。这里不仅有大约200万平方米的"银镜"（昆明湖），还有藏着水利玄机的古桥，就连每片琉璃瓦上都刻着宫廷密码。一起来参观这座"露天建筑博物馆"吧！

佛香阁

颐和园标志性建筑，登临其上可以一览颐和园美景。

排云殿

慈禧太后举行庆典、接受贺拜的地方，如今还陈设着一些庆典器物。

长廊

中国古典园林中最长的游廊，枋梁上绘有人物、山水、花鸟等各种彩画八千多幅。

西堤

模仿杭州西湖苏堤"六桥烟柳"而建，堤上种植了桃花与杨柳。和西湖苏堤一样，西堤上也建有六座桥。

清晏舫

船体由石头雕刻而成，是颐和园最具代表性的中西合璧建筑，取"河清海晏"之义。

画中游

相传是根据乾隆梦中所见场景绘画、修建出来的。

颐和园总览

颐和园是"三山五园"中最后建造的一座皇家园林。

颐和园主体由昆明湖和万寿山组成，万寿山南麓铺展着昆明湖，山上主体建筑为佛香阁。

- 前身为清漪园，是现存规模最大的皇家园林。始建于1750年，占地面积3.009平方千米
- 北京市海淀区
- 中国现存形制最完整的皇家宫苑，1961年被列为首批全国重点文物保护单位，1998年被列入《世界文化遗产名录》

北宫门

4号线北宫门站下车。

苏州街

充满江南风情的商业街，酒馆、茶楼等各式店铺一应俱全，曾是皇帝体验江南市集的场所。

仁寿殿

慈禧太后和光绪皇帝日常理政的地方。

十七孔桥

颐和园诸桥之冠，每年冬至前后会呈现“金光穿孔”的盛景。它是中国皇家园林中现存最长的桥梁。

研学锦囊

- 使用色卡对比宫殿的黄琉璃瓦与民居的灰瓦。
- 在颐和园的长廊寻找《西游记》故事图画，并向同伴解说。

颐和园大事记

1750年　乾隆十五年

乾隆皇帝为了治水和训练水军营建清漪园，也作为崇庆皇太后祝寿的寿礼。

1860年　咸丰十年

英法联军焚毁三山五园，清漪园木构建筑尽毁。

1886年　光绪十二年

清政府下令在清漪园废墟上重建。

1888年　光绪十四年

慈禧太后将重建后的清漪园改名为颐和园，寓意“颐养冲和”。

1900年　光绪二十六年

颐和园遭八国联军劫掠，文物损失惨重。

1902年　光绪二十八年

清政府重点修复了居住区，后山建筑未完全修复。

圆明园

万园之园的辉煌与悲怆

万园之园

由圆明园、绮春园、长春园组成，占地面积约 3.5 平方千米

全国重点文物保护单位

五代帝王接力修建

康熙赐园

1687 年，康熙在紫禁城西北建成了离宫型皇家园林——畅春园。此后，康熙将周边土地分赐给皇子们。皇四子胤禛（雍正）获赐畅春园以北的园地。1709 年，康熙给这个园地赐名“圆明园”。

雍正扩园

雍正继位后对圆明园进行了系统性扩建，到雍正末年至少建成了 33 处核心景观，奠定了“圆明园四十景”的主体框架。

曾经的“万园之园”，如今只剩下断壁残垣，仿佛在无声诉说那段屈辱的历史。残存的石柱既是帝国主义侵略暴行的铁证，也是中华文明韧性的象征——我们凝视大水法遗址的裂痕时，既是在回望民族苦难的来路，也是在丈量文明复兴的征程。

圆明园四十景（部分）

曲院风荷

仿照杭州西湖曲院改建。

杏花春馆

取唐朝诗人杜牧的诗《清明》中的意境建造。

镂月开云

雍正年间称“牡丹亭”，康熙、雍正、乾隆曾一同在此赏牡丹。

生僻字注音 禛（zhēn）

圆明园十二生肖兽首今何在?

鼠首	牛首	虎首	兔首	龙首	蛇首	马首	羊首	猴首	鸡首	狗首	猪首
回归中国	回归中国	回归中国	回归中国	下落不明	下落不明	回归中国	下落不明	回归中国	下落不明	下落不明	回归中国

乾隆增园

乾隆时期调整了园林的景观，增添了建筑组群，在圆明园东侧新建长春园，将东南侧的绮春园逐步并入皇家园林体系，最终形成“圆明三园”的整体格局。在景观营造上，乾隆还建造了一些中西合璧的建筑。

嘉庆、道光修园

嘉庆、道光两位皇帝以修缮和局部扩建为主。

“万园之园”，
是“一切造园艺术的典范”。

圆明园的两次浩劫

第一次火烧圆明园:

1860 年，第二次鸦片战争期间，英法联军闯入圆明园，一番疯狂抢夺后，又纵火焚烧。大火烧了三天，圆明园木质建筑基本被焚毁。

烧毁前

第二次损毁圆明园:

1900 年，八国联军攻入北京后，圆明园再次陷入劫难。圆明园的建筑、林木、砖石几乎荡然无存。

烧毁后

鸟巢、水立方

钢架巨构与蓝色膜泡的奥运记忆

『天圆地方』的城市新地标

鸟巢和水立方坐落于北京奥林匹克公园内，分列于北京中轴线北端东西两侧。它们一圆一方，体现了中国“天圆地方”的哲学理念。同时，鸟巢的钢结构尽显力学之美，水立方的膜结构造型柔美，二者刚柔并济，极具视觉冲击力。

鸟巢

国家体育场

2008 年建成，占地 20.4 万平方米，可容纳 9.1 万人

“中国当代十大建筑”之一、2008 年北京奥运会主体育场

鸟巢是怎样“炼”成的?

1 编织梦想的“巢”

“鸟巢”是由中外设计师共同设计的，形态如同孕育生命的“巢”，寄托了人类对未来的希望。在建设过程中充分体现了节能环保的理念，采用多项前沿技术来降低能耗和保护环境。

2 打下坚固的“巢基”

鸟巢的地基深度是普通建筑物的数倍，确保鸟巢能够承受数万名观众的重量。

3 搭建巨型的“骨架”

鸟巢的“骨架”用掉了 4.2 万吨钢材，局部受力大的部位采用了Q460E 钢材。这种钢材是我国专为搭建鸟巢而研制生产的。

4 穿上漂亮的“外衣”

鸟巢的“钢枝条”外衣由不同形状的钢板焊接而成。屋顶的空隙被双层透光的膜填充，不仅能防水还能自然采光。

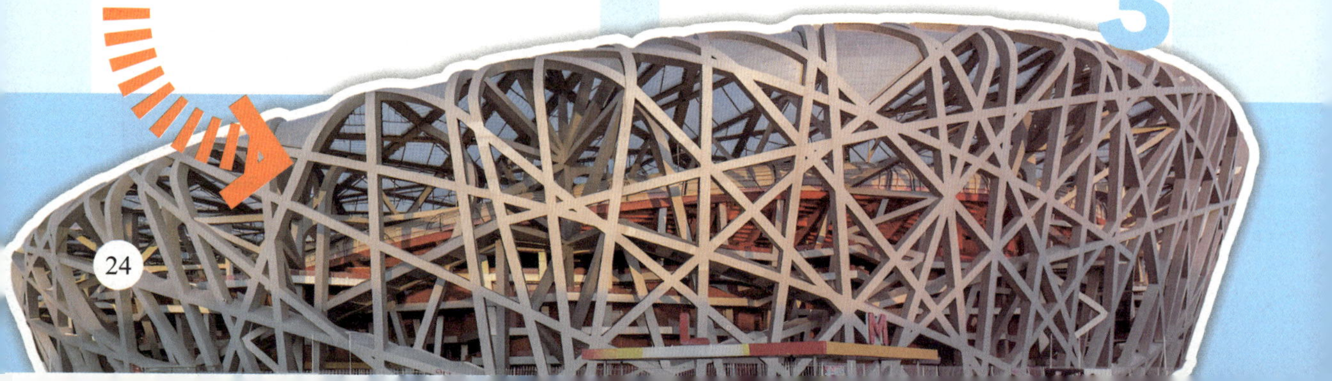

水立方的魔幻泡泡

水立方的外观以“水”为主题，由3000多个大小不一的“水泡”组成，充满了梦幻般的美感。这种“水泡”是一种特殊的膜结构，能有效平衡室内温度。

水立方

- 国家游泳中心
- 2008年建成，建筑面积约8万平方米
- “中国十大新建筑奇迹”、2008年北京奥运会精品场馆

水立方如何变身成“冰立方”？

1

将泳池里的水抽干，在池内搭建特殊钢结构，既稳定可靠，又能让场地在水与冰之间灵活转换。

2

在钢结构上依次覆盖混凝土预制板、保温层和防水层。

3

铺设制冷剂管道，然后工人一层一层地均匀浇水，最终形成符合标准厚度的冰面。

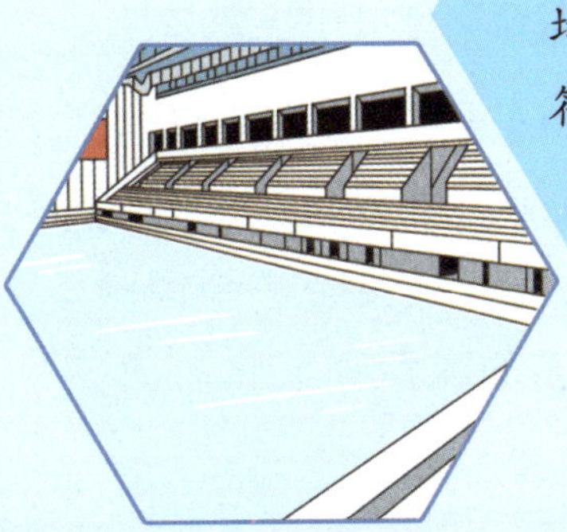

“水冰转换”的难点

如何让冰面不融化，同时又使观众不会感觉到冷呢？通过通风系统的配合，实现赛场温度分区控制：冰面保持在零下8.5摄氏度，冰面以上1.5米处为10摄氏度，看台温度则控制在16～18摄氏度。

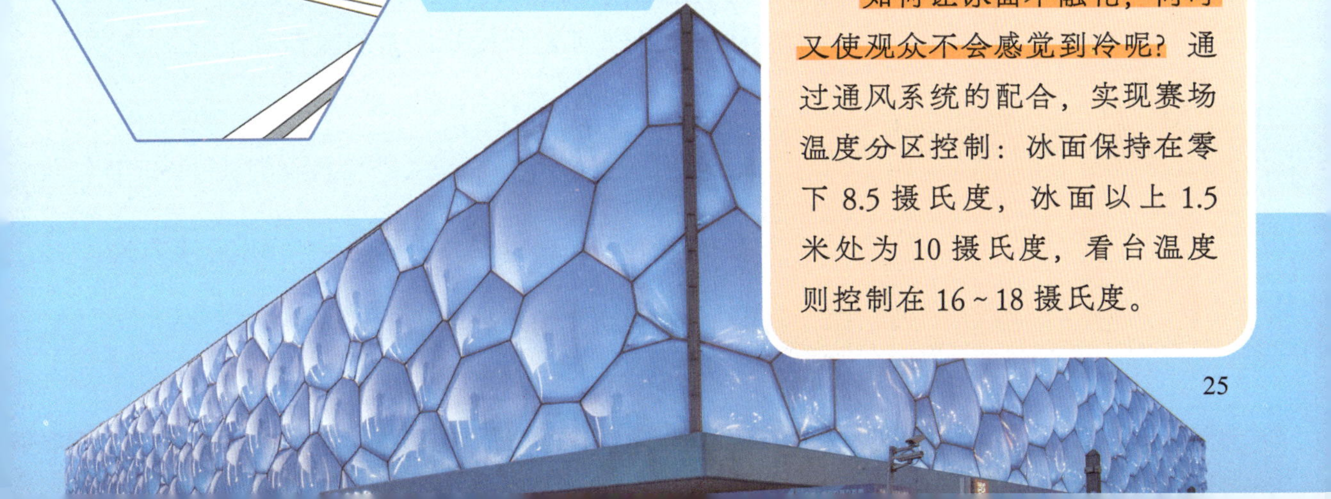

天安门

北京中轴线上的皇城守望

清 天安门 受命于天，安邦治国

明 承天门 承天启运，受命于天

天安门是北京的标志性建筑，也是中华人民共和国的象征。它位于北京城的中心，是明清两代皇城的正门。天安门不但见证了中国的历史变迁，而且承载着丰富的政治和文化内涵。

- 原名：承天门
- 由城台和城楼组成，占地面积约 4800 平方米
- 全国重点文物保护单位

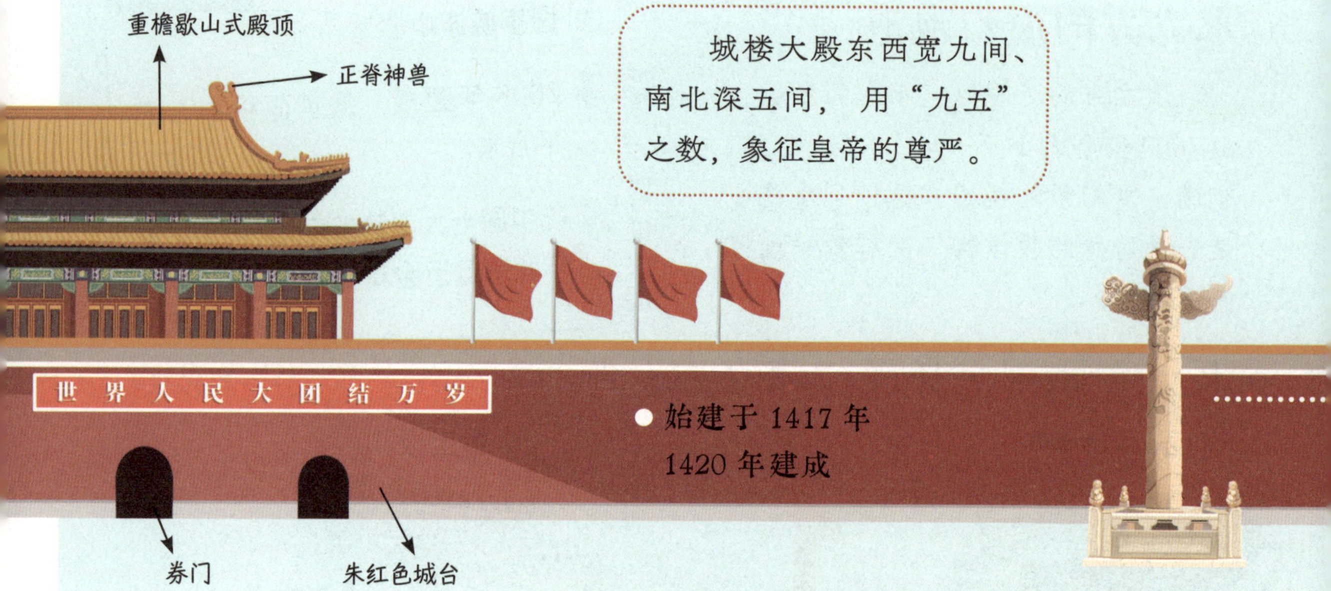

城楼大殿东西宽九间、南北深五间，用“九五”之数，象征皇帝的尊严。

● 始建于 1417 年
1420 年建成

外金水桥

天安门前的金水河上，横跨着七座汉白玉石拱桥，为外金水桥，其中五座与天安门城楼的五个券门对应。

品级桥：位于东西两端，柱头雕云朵，古代只许三品以上文武大臣通行。

王公桥：分列御路桥两侧，柱头雕荷花，在古代供宗室王公使用。

御路桥：位于中间，柱头雕蟠龙，在古代专供皇帝通行。

重大时刻见证者：

金凤颁诏： 明清时期，天安门是举行重大典仪的地方，如皇帝登基、皇后册封等重大庆典，都需在此进行颁诏仪式。

开国大典： 1949 年 10 月 1 日，毛泽东主席在这里向世界庄严宣告：中华人民共和国中央人民政府今天成立了！从此天安门成为中华人民共和国的象征。

华表

天安门前后各有一对华表。华表通高 9.57 米，上面雕有祥云和蟠龙，顶端是一只石兽，名叫“犼”，也叫望天犼。

望君出： 天安门北侧的石犼望向皇宫

期待皇帝走出皇宫，体察百姓疾苦。

望君归： 天安门南侧的石犼朝向宫外

盼望皇帝早日回宫，不要耽误国事。

天安门广场及建筑群

中国心脏： 天安门广场及建筑群位于北京中轴线的核心位置。广场南北长 880 米，东西宽 500 米，是世界上最大的城市广场。明清两代，这里是封闭的宫廷广场；今天，这里是服务于人民的公共广场。

1959 年建成，是全国人民共商国是、国家举行国事外事活动的场所。

每天清晨，国旗护卫队在这里举行升国旗仪式。

世界上单体建筑面积最大的博物馆。现有藏品 143 余万件。

毛主席纪念堂始建于 1976 年 11 月，1977 年 9 月 9 日举行落成典礼并对外开放，是党和国家的最高纪念堂。

人民英雄纪念碑是我国历史上最大的纪念碑，是国家和人民纪念、缅怀烈士的永久性纪念设施。

生僻字注音 犼（hǒu）

五大连池

天然的火山博物馆

- 满语名称：乌德林池
- 黑龙江省五大连池市
- 世界地质公园、世界生物圈保护区、中国第二大火山堰塞湖群

五大连池的形成

清朝康熙年间火山喷发，熔岩流堵塞了白河河道，形成五个串珠般的湖泊。

在祖国东北的“雄鸡冠”位置，藏着一座会呼吸的火山博物馆——五大连池。14座火山如同沉睡的巨龙，环抱着5个串珠般的湖泊。这里每块玄武岩都在讲述地球的故事，每个气泡翻涌的冷泉都藏着大自然的奥秘。

五大连池的火山是活火山吗？

五大连池14座火山中的老黑山和火烧山是休眠的活火山。这两座火山在300多年前爆发形成了五大连池。其余12座都是死火山，自人类有史记载以来没有喷发活动。

五大连池为什么被称为天然“火山博物馆”？

五大连池有14座火山，喷发年代从200万年前到300多年前，时间跨度极大。一座座拔地而起的火山锥，使它拥有丰富完整的火山地貌景观，因此被科学家们称为天然“火山博物馆”。

火山地貌

火山堰塞湖的传奇

五大连池是中国第二大火山堰塞湖群，湖泊底部大多是天然的熔岩。

中国矿泉水之乡

五大连池矿泉，是“世界三大冷泉”之一。

冷矿泉集中在药泉山附近，主要有南北药泉、二龙眼泉、翻花泉等。

南北药泉：分为饮泉和洗泉。饮泉水自带“气泡”，水中含有的二氧化碳让它成为天然苏打水；洗泉是用来洗浴的，泉水有利于安神、睡眠。

二龙眼泉：民间传说用二龙眼泉洗眼，可以明目养眼，治疗眼疾。

翻花泉：对治疗皮肤病有一定的疗效。

如意湖

远看像一支“玉如意”，是五大连池整个水系的源头汇集地。

五池

鹤鸣湖

以苇塘观鹤和环境幽静闻名。这里是多种鹤类的栖息地。

四池

白龙湖

开阔的水面倒映着14座火山，夏季“群山倒影”是白龙湖的一绝。白龙湖是五池中面积最大的一个。

三池

二池

燕山湖

因环绕着燕山期古岛而得名。这里是五池中欣赏朝霞最理想的水面。

莲花湖

湖内多睡莲，因此得名莲花湖。又因为在最南端，所以也叫头池。

一池

五大连池风景区占地总面积1060平方千米

呼伦贝尔草原

游牧文明的生态基因库

- “中国北方游牧民族成长的历史摇篮”
- 内蒙古自治区东北部，总面积约 10 万平方千米
- 国家 5A 级旅游景区、“中国最美六大草原”之首、“全球重要生态区域”

天地的画卷

牧草	有 120 多种	
食草组	蒙古马	绵羊
食肉组	草原狼	金雕
保洁	蜣螂（草原清道夫）	

这里的黑钙土肥力高，滋养出了种类繁多、营养丰富的牧草，成就了其“牧草王国”的美誉。

乌尼

椽子，上接套脑，下连哈纳，形成穹顶的弧度。木条长短大小粗细要一致，数量随套脑大小而改变。

围毡

相当于蒙古包的墙壁。3~4 层羊毛毡 + 防水帆布，即使在零下 30 摄氏度的严寒环境下也能保温。天热时毛毡底部可卷起，便于通风。

捆扎术

固定毛毡 + 抗风加固。用牛皮绳、羊毛绳等交叉缠绕形成网状，确保蒙古包顶棚、围毡不下滑，不被风掀起。

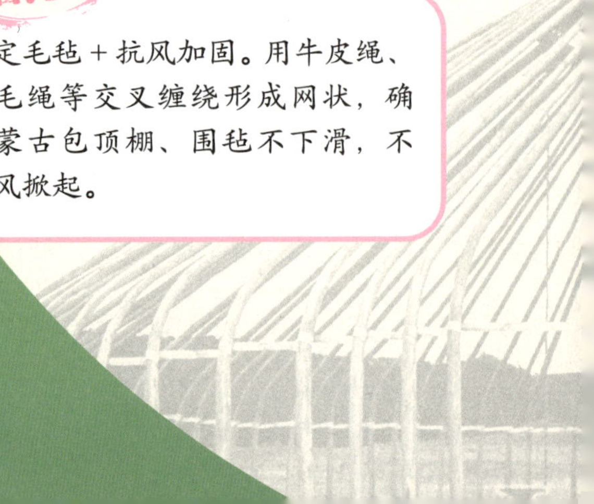

那达慕大会

那达慕大会是蒙古族的“草原版奥运会”，搏克（摔跤）、赛马、射箭组成的“男儿三艺”最抢眼。那达慕最早是部落聚会，在元代广泛开展，主要是军事体育项目。到了清代，那达慕逐渐变成了由官方定期召集的有组织的有目的的游艺活动。2010 年，那达慕大会被列入人类非物质文化遗产。

蒙古包结构大揭秘——草原上的“移动城堡”

套脑

采光 + 通风 + 排烟三合一，圆形镂空结构。一般用檀木或榆木制作，相当于天窗。白天掀开毛毡引入阳光，夜晚覆盖毛毡保温。

哈纳

墙面骨架，支撑整体；伸缩折叠，调节蒙古包大小。交叉木条用皮绳固定，展开呈菱形网格。一般的蒙古包由 4 个哈纳组成。

地　　毡：传统的蒙古包地面一般会先铺木板或毛毡，再覆盖羊毛毡毯或手工编织的地毯，既保暖防潮，又能适应草原游牧生活高频率的搬迁需求。

火炉定位：正对套脑下方放炉灶，便于排烟和取暖。

牧羊人日常

- **早上** 挤牛奶 手法很专业
- **中午** 吃手把肉 草原特色食物
- **晚上** 赶羊回圈 防范狼的袭击

赛里木湖

“大西洋的最后一滴眼泪”

赛里木湖的科学秘密

赛里木湖位于天山脚下，是大西洋暖湿气流的“终点站”。来自大西洋的水汽一路向东，跨越数千公里，最后被天山山脉阻挡。水汽在这里凝结成雨，滋养了赛里木湖。因此，它被称为“大西洋的最后一滴眼泪”。

这滴“眼泪”可不普通，科学家通过研究赛里木湖，还能了解气候变化的秘密。

湖面海拔 2073 米

东西最长 29.6 千米

湖底的“时光机”：赛里木湖的湖底沉积物像一本“自然日记”，默默记录着水体的生态演变。科学家通过分析沉积物中的花粉、微生物和矿物质，可以了解过去的气温、降水以及植被变化情况。

气候的“晴雨表”：湖水的盐度和化学成分是气候的“晴雨表”。盐度升高可能意味着气候变干，盐度降低则可能意味着降水增多。科学家通过监测湖水的盐度及化学成分变化，可以追踪气候的干湿循环规律。

生物的“信号灯”：候鸟和湖中的浮游生物、鱼类是气候变化的“信号灯”。候鸟迁徙时间和湖中生物种类、数量的变化，都能反映气候的变化趋势。比如，候鸟来得早了，说明气温可能在升高。

“西域净海”“天山明珠”

新疆维吾尔自治区博尔塔拉蒙古自治州博乐市西南

“神奇西北 100 景”，“中国最美五大湖泊”之一，新疆面积最大、海拔最高的高山湖泊

“会吹泡泡的湖”：赛里木湖的神秘气体

冬季的赛里木湖，湖底会出现冰泡奇观：一串串气泡被封印在冰层中，非常奇特。这些冰泡其实是从湖底冒出来的气体，主要成分是甲烷。这些甲烷是从哪儿来的呢？原来，湖底的沉积物里埋着很多动植物的残骸，动植物残骸在缺氧的环境下被微生物分解会产生甲烷，当甲烷积累到一定程度，就会从湖底冒出来，形成美丽的冰泡。

赛里木湖 历史大事件

唐朝 **天朝的“商队驿站”**

657年，唐朝设立双河都督府，并派兵驻守赛里木湖周边山区，守护丝绸之路商道。这条商道从湖边绕过天山，直通中亚，主要运输皮毛、马匹等货物。赛里木湖成了商队歇脚的重要中转站。

元朝 **成吉思汗的“点将台”**

1219年，成吉思汗率军西征时，传说他在赛里木湖附近扎营，留下“点将台”等遗迹，但具体细节并无明确史料记载。

清朝 **土尔扈特部的“新家园”**

1771年，土尔扈特部从伏尔加河流域东归，历经艰险回到中国。其中部分牧民被安置在赛里木湖周边游牧，这里成为他们新家园的一部分。

赛里木湖景点推荐：

克勒涌珠

这里有美丽的银月堤和灯塔，是赛里木湖冬季唯一不结冰的区域，泉水不断涌出，形成独特的湿地景观。

天鹅乐水

这里有成群的天鹅在湖中嬉戏，是近距离观赏天鹅的绝佳之地。

博尔罕山

长约10千米，山上生长着一种名为“西伯利亚原柏”的灌木，远看像迷彩色，这座山也被称为“迷彩山”。

生僻字注音 烷（wán）

青海湖

融化的蓝天滴落在大地

中国西北部的“空气加湿器”、“中国最美五大湖泊”之首

青藏高原东北部

中国最大的内陆咸水湖、世界高原内陆湖泊湿地类型的典型代表

海拔：湖面海拔 3196 米
面积：4635 平方千米

青海湖为什么变咸了？

青海湖原本是个淡水湖，雨水和雪山融水源源不断注入，湖水通过东南部的倒淌河汇入古黄河。然而，大约 13 万年前，日月山隆起，堵塞了倒淌河，青海湖变成了封闭的内陆湖。随着时间的推移，湖水蒸发，盐分却留在了湖中，日积月累，青海湖便变成了咸水湖。

刚察

泉吉

候鸟的“五星级度假村”

鸟岛是青海湖最著名的观鸟胜地。每年春夏之际，成千上万只候鸟来此停歇，包括斑头雁、棕头鸥等。鸟儿们在这里筑巢、孵蛋，热闹非凡。2017 年 8 月，为了保护当地生态环境，青海湖景区保护利用管理局关停了鸟岛景区。

鸟岛

石乃亥

海心山

湖中的“神秘孤岛”

位于青海湖中心偏南，是一座孤立的小岛，四周被湖水环绕，像一颗镶嵌在湖中的珍珠。传说这里是西海龙王的宫殿所在地。

黑马河

青海湖的“裸鲤”为什么要逆流而上?

青海湖的裸鲤（也叫湟鱼）每年5~8月都会逆流而上，游向淡水河流。它们不是为了“减肥”，而是为了完成“鱼生大事”——产卵。裸鲤仍然保留着到淡水河中产卵的天然习性。一路上，它们要穿越激流、躲避鸟类捕食，十分惊险。每年端午节前后，成千上万的裸鲤聚集到河口附近，上演“半河清水半河鱼”的生态奇观。

哈尔盖

“西海龙王的地盘”：王莽设立的西海郡

《西游记》里，西海龙王掌管着西海，呼风唤雨，神通广大。虽然这只是神话传说，但现实中还真有个“西海”，那就是青海湖。早在西汉时期，王莽就奏请朝廷在青海湖周边设立了西海郡，并将青海湖称为“西海”。

骑上心爱的自行车

青海湖环游计划

西海镇

西海镇→湖东种羊场→青海湖渔场→二郎剑景区→江西沟→黑马河→石乃亥→鸟岛→泉吉→刚察→哈尔盖

青海湖的“观湖最佳地点”

因形似一把剑而得名。这里湖水清澈，视野开阔，是观赏青海湖全景的绝佳地点。

江西沟

二郎剑景区

湖东种羊场

青海湖渔场

敦煌莫高窟

丝绸之路上的千年盲盒

- "千佛洞"，中国三大石窟之一
- 甘肃省敦煌市
- 全国重点文物保护单位、世界文化遗产

366 年，一个叫乐僔的和尚云游到敦煌。他突然看到远处的三危山金光闪闪，好像有上千尊佛像在发光。乐僔和尚决定在这里修行，莫高窟的第一个洞窟就这么诞生了。

各朝各代的工匠经过一千多年的接力开凿，**莫高窟变成了拥有 735 座洞窟、4.5 万平方米壁画、2000 多尊彩塑**的大型"艺术博物馆"。敦煌莫高窟的主要文物：

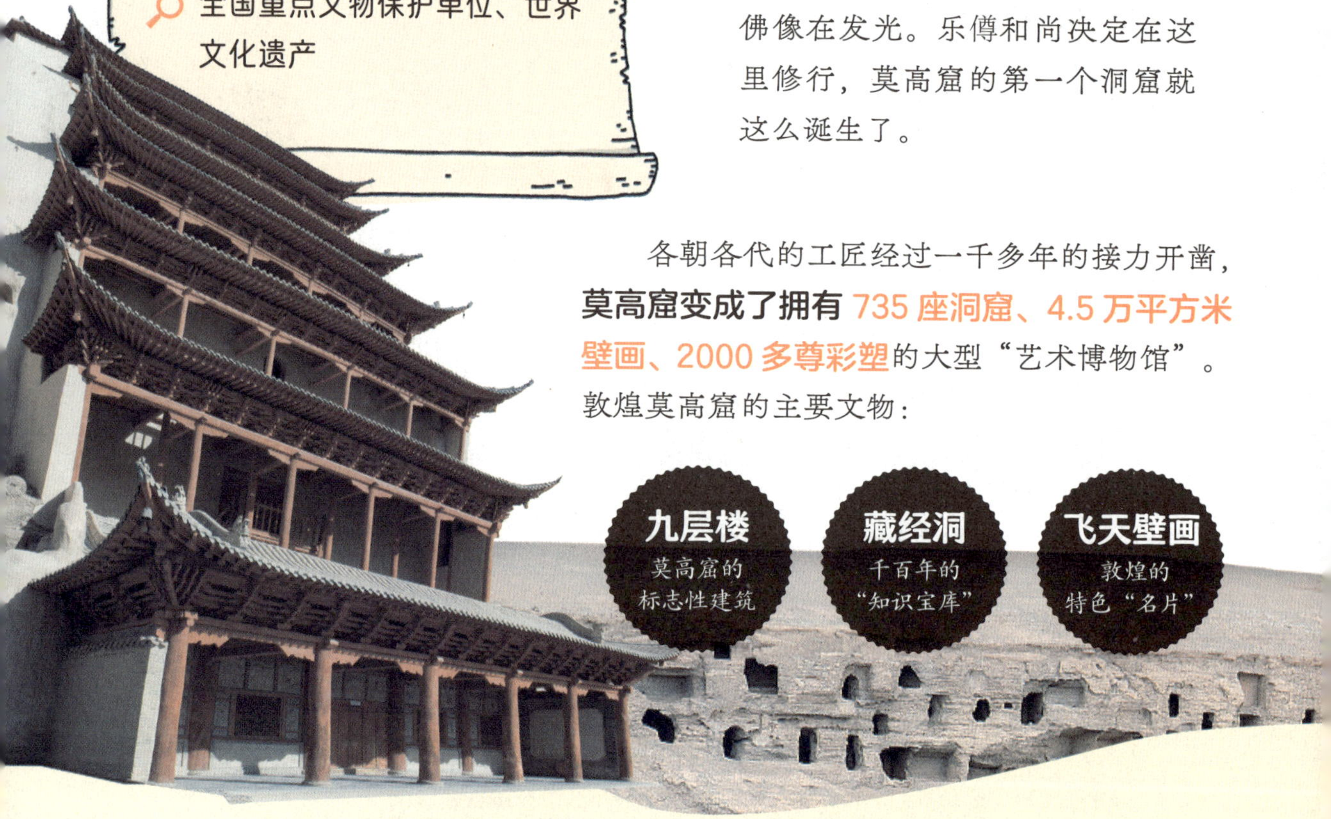

九层楼
莫高窟的标志性建筑

藏经洞
千百年的"知识宝库"

飞天壁画
敦煌的特色"名片"

敦煌莫高窟的发现者——道士王圆箓

1900 年，道士王圆箓在清理敦煌莫高窟的积沙时，意外发现了一个藏满古代文书、经卷和艺术品的藏经洞。令人痛心的是，由于当时中国社会动荡，部分文物被外国探险者带走或损坏。

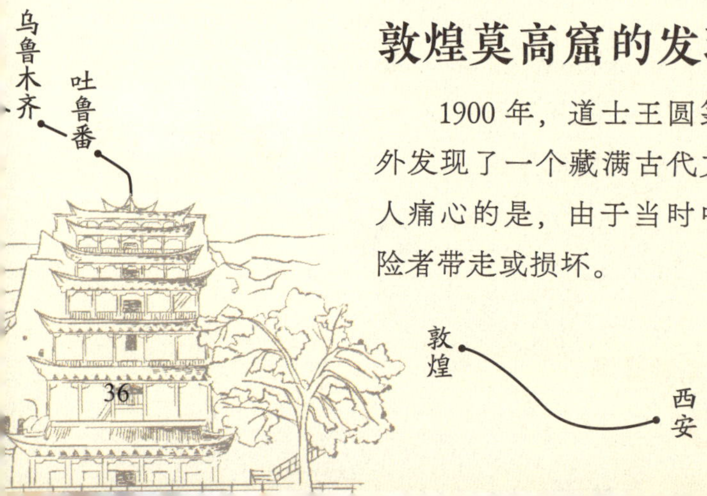

墙壁上的“百科全书”

莫高窟像一本巨大的“百科全书”，记录着古人的生活、信仰、艺术和文化。壁画上的飞天、九色鹿、千手千眼观音形象，以及古人跳舞、打猎、耕地的场景，内容丰富多彩，形象栩栩如生。

莫高窟的壁画和彩塑使用了珍贵的矿物颜料，即使过了上千年，依然鲜艳夺目。难怪有人说，莫高窟是“墙壁上的美术馆”。

敦煌 最美打卡点

彩塑菩萨

第 17 窟	藏经洞，小小的洞窟，藏着惊人的文化宝藏。
第 45 窟	现存七身塑像，均为彩塑，神态生动传神。
第 96 窟	九层楼大佛窟，内有一尊 35.5 米高的弥勒佛像。
第 112 窟	广为人知的反弹琵琶形象壁画出处。
第 158 窟	15.6 米高的涅槃卧佛像代表中唐造像技术日趋完美。
第 249 窟	狩猎图等壁画融合佛道思想，打造神秘天宫。
第 257 窟	建于北魏，绘有九色鹿等连环壁画。
第 320 窟	建于盛唐，南面绘有佛祖说法图。

九色鹿

敦煌莫高窟的守护者

常书鸿

1944 年，常书鸿创建敦煌艺术研究所（现敦煌研究院）。他带领团队修复壁画、清理洞窟，被誉为“敦煌守护神”。

段文杰

敦煌研究院第二任院长段文杰长期从事壁画临摹与研究工作，为敦煌艺术的保护与传承做出重要贡献。

樊锦诗

樊锦诗推动莫高窟的数字化进程，利用数字技术向全球展示敦煌艺术。

小贴士

参观莫高窟需要预约门票。记得带上水和防晒霜，沙漠里的太阳可是很热情的！

张掖丹霞地貌

谁的调色盘在这里打翻了？

- 裕固族称其为“阿兰拉格达”（红色山峦）
- 甘肃省张掖市临泽县、肃南裕固族自治县
- 核心区面积 510 平方千米，平均海拔 1820 米
- 中国最美的七大丹霞地貌之一

“色如渥丹，灿若明霞”

最佳观赏时间

季节……夏秋（6～9月）色彩最明艳；冬季雪后丹霞别具韵味，天空中可能会出现彩色光晕。

时段……日出后 2 小时或日落前 1 小时，光线斜射时色彩最饱和。

丹霞地貌岩石脆弱，请勿攀爬或踩踏。

张掖丹霞地貌是如何形成的？

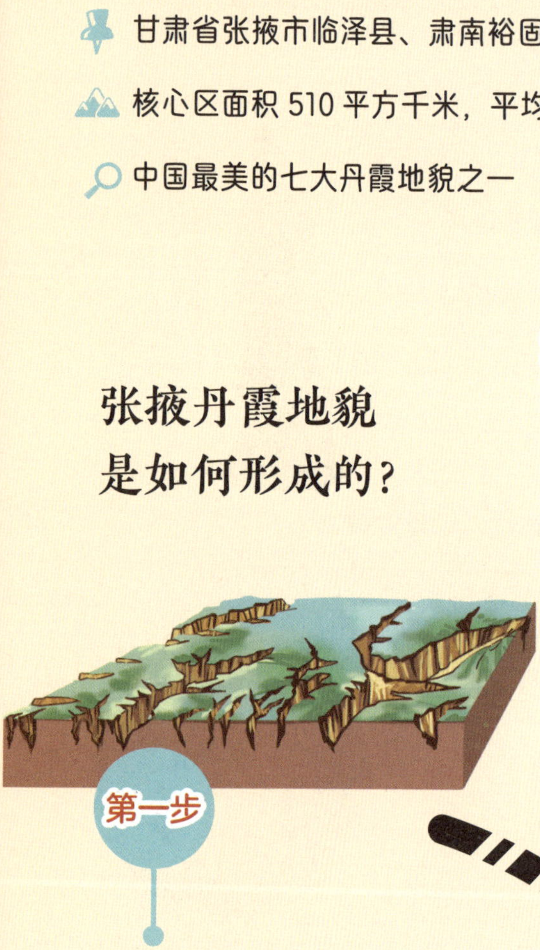

白垩纪沉积

大约 2 亿至 1.5 亿年前，张掖地区经历了干旱与湿润交替的环境，沉积了富含铁、锰等元素的矿物，形成含有多种色彩的砂岩和砾岩带——“红层”。

始新世抬升

约 6000 万年前，在喜马拉雅造山运动中，“红层”抬升，产生各种褶皱与断裂。

红色　岩石中含有丰富的铁矿物

黄色　岩石中的铁元素暴露于空气中，发生氧化反应

灰色　含锰、铜离子的地下水渗透，生成硬锰矿、孔雀石等矿物

张掖丹霞多彩之谜

雪后初霁时，半山素白半山斑斓，色彩的饱和度与层次感对比更为强烈。

张掖丹霞有何独特之处？

拥有“丹霞地貌 + 彩色丘陵”的复合景观

七彩丘陵： 偏软且色彩丰富的泥岩形成的彩色丘陵，山势平缓，色带如波浪般延展，阳光下似朝霞流淌。

窗棂状宫殿地貌： 顶上有黄土帽顶，岩壁如雕花窗棂，层次分明，形似古堡宫殿，被称为“丹霞地貌中的精品”。

冰沟丹霞： 峰柱林立，险峻奇崛，与七彩丘陵的柔美形成鲜明对比，尽显阳刚之气。

第三步

亿万年侵蚀

经过流水侵蚀、风力打磨及重力坍塌，最终形成如波浪般起伏的彩色丘陵与陡峭的丹霞峰丛。

多重贡献

地质研究： 记录了自垩纪以来的气候变迁与构造运动，为研究地球演化提供了珍贵样本。

文化符号： 在当地的传说中，女娲补天的五彩石粉末撒落在此，化作七彩丹霞。电影《三枪拍案惊奇》《太阳照常升起》曾在此取景，赋予其艺术生命力。

旅游开发： 景区专设了地质研学步道，将科学解说融入游览体验，是生态旅游的典范。

秦始皇陵随葬陶兵马雕塑群

陕西省西安市临潼区骊山北麓

世界第八大奇迹、二十世纪考古史上的伟大发现之一

秦始皇陵兵马俑

世界最大的“地下军事博物馆”

华夏文明的立体史书

兵马俑坑坐西向东，三个坑呈凹字形排列。

一号坑

一号坑最大，呈长方形，坑内战车和步兵相间，表现出秦军强大的威慑力。

二号坑

二号坑在一号坑东端北边，形状有点像曲尺，这是由战车、骑兵和步兵（包括弩兵）组成的多兵种特殊部队。

三号坑

三号坑位于一号坑西端北边，是军阵的指挥部。

藏在兵马俑里的卓越技术

战车的轮距都有统一规格，堪称古代“车同轨”的青铜版说明书。

弩机关键部件可以标准化替换。

青铜剑铬盐氧化技术领先世界 2000 多年。

拓展

1974 年兵马俑坑出土的青铜剑堪称奇迹，历经 2000 多年，出土时毫无锈迹，光亮锋利。其做工精细，剑身薄且有 8 个棱面，误差不到 0.1 毫米。不生锈的原因是剑身有 10～15 微米厚的铬盐化合物氧化层。而同样的技术直到 1937 年才被德国人“重新发明”。

兵马俑未解之谜

兵马俑本身与真人大小无异，面部表情栩栩如生。2000 多年前，没有先进的雕刻设备和精细的模具，工匠们却能打造出如此之多、形态各异的陶俑，其中的工艺至今仍是未解之谜。更令人惊奇的是，这些陶俑、陶马都是分段制作然后组合而成的。在烧制过程中能够不破裂、不变形，并且达到如此高的硬度和强度，这无不蕴含着古人的智慧与独特的技术。

游览小贴士

“三分看，七分听”，可以跟随专业讲解员一起游览，也可以租一个讲解器。

节假日期间人流量较大，建议错峰参观。

华山

悬崖之上，花岗岩的『亿年聚会』

五岳里的“西岳”，以“奇险”闻名

陕西省渭南市华阴市

中华十大名山，国家 5A 级景区

东峰（朝阳峰）

海拔 2096.2 米

华山最佳观日点

峰顶有一平台，地势高峻，视野开阔，是观看日出的最佳地点，人称“朝阳台”。黎明时分，人们可以在朝阳台上观看“云海日出”的奇观。

机位紧张，看日出需要提前占位！

北峰（云台峰）

海拔 1614.7 米

华山徒步登山枢纽

北峰在华山五峰中海拔最低，但地势险要，南、西、北三侧临崖，仅东侧与诸峰相连。传统徒步路线需经擦耳崖（需贴崖侧行）才能登顶，现在可以乘北峰索道直达峰顶。

中峰（玉女峰）

海拔 2037.8 米

华山文化名峰

传说秦穆公的女儿弄玉曾和萧史隐居在此，故而得名。李白曾以“太华三芙蓉，明星玉女峰”赞美其灵秀。登峰天梯陡峭险峻，山风掠过时，台阶如琴键震颤，攀登者不由得膝盖颤抖。

打卡地标

游客中心

南峰（落雁峰）

海拔 2154.9 米

五岳最高峰

华山之巅

华山南峰作为五岳最高峰，峰顶矗立着一座华山南峰高程碑。全真岩摩崖石刻位于距地面数十米的垂直崖壁之上，在缺乏现代工具的古代，古人究竟如何完成这一艰巨的刻凿任务，至今是个谜。

挑战 **长空栈道**

悬于绝壁的木质栈道，全程仅靠铁索与木板支撑，被称为“华山第一险”。

老君洞：南峰顶上的一处洞穴与老子的传说有关。洞北有太上泉，东流洞下，即“仰天池”，泉水终年碧绿。

西峰（莲花峰）

海拔 2082.6 米

华山神话之境

斧劈石

一分为二的巨型岩石，民间传说为沉香劈山救母之处，石旁立有现代铁斧雕塑。

翠云宫

道教宫观，主奉西岳大帝（华山神），宫内壁画融入了许多神话故事元素。

青龙背

通往西峰顶的狭窄山脊，形如龙脊，两侧是万丈深渊。

华山以险峻著称，山体倚天拔地，四面如削，群峰挺秀，有“奇险天下第一山”的美誉。

温馨提示

气温会随着海拔升高而降低。
建议采用三层穿衣法（内层排汗＋中间保温＋外层防护）。

14

安远门

西安城墙

圈住“十三朝”风华的防御阵

世界上历史最悠久、保存最完整的古代城垣建筑

环绕陕西省西安市核心区域

全国重点文物保护单位、中国四大古城墙之一

全长
13.74 千米

始建于
1370 年

墙高
12 米

3

建造特色

坚固的城墙结构

主体为黄土分层夯筑，每层厚 10 ~ 12 厘米，夯土中掺入糯米汁、石灰增加黏性，在外层加砌青砖。

科学的排水系统

城墙内壁暗藏 160 余处流水槽，附贴于城墙内壁，从城顶直达底部，便于排水。

三位一体的防御机制

西安城墙有 4 座主城门，每座城门配有闸楼、箭楼、正楼三重防护。

安定门

被包裹在城墙下的隋唐时期的“墙中门”。

永宁门

9 8 7

防御机制

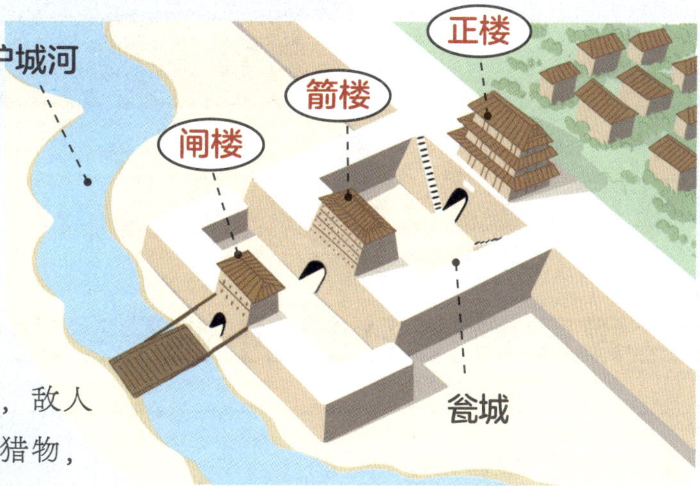

敌台监控系统

每隔约 120 米就有突出墙体的敌台，近百个敌台组成古代版“天眼”系统。

瓮城迷惑阵

箭楼与正楼之间就是瓮城，敌人一旦踏入，就像掉进捕兽笼的猎物，四面八方的箭头让他们无处可逃。

18 座城门

方位	编号	城门
东		长乐门
东	①	中山门
东	②	朝阳门
西		安定门
西	③	玉祥门
南	④	建国门
南	⑤	和平门
南	⑥	文昌门
南		永宁门
南	⑦	朱雀门
南	⑧	勿幕门
南	⑨	含光门
北	⑩	尚勤门
北	⑪	尚俭门
北	⑫	解放门
北	⑬	尚德门
北		安远门
北	⑭	尚武门

四个主门暗藏玄机

连起来就是**长安永安**的祝福。

城墙夜生活

- 节庆活动期间，城墙夜间会上演灯光秀。
- 《梦长安》实景演出是西安城墙极具特色的晚间节目。
- 南门乐队不仅为游客带来了精彩的音乐表演，也给古城墙带来了无尽的活力。
- 护城河上，游船载着游人缓缓行驶，留下一圈圈涟漪。
- 瓮城里，身穿汉服的少女手执灯笼，漫步在城墙下。

文昌门

在这里还可以找到炮火留下的弹痕，每一处凹陷都在诉说着那段烽火连天的岁月。

布达拉宫

世界屋脊上升起的“天空之城”

- 红山宫、高原明珠
- 中国西藏自治区首府拉萨市的红山上
- 世界上海拔最高的宫殿式建筑群、世界文化遗产、50 元人民币背面图案

传奇的宫殿

松赞干布和文成公主的“千年之约”

松赞干布的“宏伟计划”

7 世纪，吐蕃的杰出领袖松赞干布为了迎娶大唐的文成公主，决定建造一座宏伟的宫殿来表达诚意。于是，布达拉宫诞生了。它既是这段美好爱情的见证，也是汉藏友谊的象征。

文成公主的“远嫁之旅”

641 年，文成公主从长安出发，带着能工巧匠、书籍、种子等，一路跋山涉水，终于抵达吐蕃。她把中原地区先进的文化与技术也带到了吐蕃，对当地的发展起了重要的推动作用。

布达拉宫的“初代建筑”

据文献记载，当时修建的宫堡规模宏大，外有三道城墙，内有千座宫室。后因战乱、火灾和雷击，布达拉宫遭受了严重破坏。

布达拉宫的“重建工程”

17 世纪，布达拉宫得以重建。重建后的布达拉宫规模更大、更豪华，里面珍藏着无数佛像、壁画和经书，堪称“艺术宝库”。

小贴士

1. 要按照指示牌和工作人员的引导参观，不可随意偏离路线或进入未开放区域。

2. 布达拉宫是神圣的场所，参观时应保持安静，不要大声喧哗、嬉笑打闹。

藏语“扎西德勒”的意思是“吉祥如意”，学会这句，旅途会更愉快！

甜蜜的宫殿

外墙涂料的秘密配方

布达拉宫的墙壁涂料不是普通的涂料，而是工匠精心调配的，既坚固又环保。

红墙

白墙

白墙使用的是由白灰、牦牛奶和白糖混合而成的涂料，不仅环保，还能防水防裂。每年藏历九月，当地人还会用这种特殊涂料重新粉刷布达拉宫的墙壁，让布达拉宫始终洁白如新。

红墙是用一种叫“白玛草”的植物茎秆制成的，这种材料轻便又隔热，还能防潮。工匠们将白玛草晾干后扎成小捆，层层垒砌压实，筑成草墙，再刷上一种红色的涂料，工艺十分复杂。

艺术的宫殿

永不褪色的“历史画卷”

布达拉宫有一幅特别的壁画，记录了五世达赖喇嘛赴京觐见顺治皇帝的场景。这幅壁画是西藏人民与内地各族人民友好往来的重要历史见证，具有极高的历史意义和艺术价值。

“长江文明之源”“古蜀文明瑰宝”

四川省德阳市广汉市鸭子河南岸

全国重点文物保护单位、20 世纪人类伟大的考古发现之一

三星堆遗址

青铜文明中的古蜀密码

蜀地沉睡了 3000 多年的青铜文明，一朝醒来震惊天下，用青铜、金玉和象牙讲述神秘的古蜀文化。三星堆文物的出土改写了长江文明史，证明长江流域和黄河流域一样，都是中华文明的重要发祥地。

时空坐标与文明定位

在中原的商王朝忙着铸造后母戊鼎时，川西平原的三星堆人正以迥异的审美打造纵目面具。三星堆的现世，证实了青铜时代中华文明多元一体的格局。

三星堆的文化特征与技术密码

青铜纵目面具

鼻 鼻翼呈牛鼻状，向上向内卷，短鼻梁。

耳 巨型“顺风耳”，双耳向两侧充分展开。

眼 眼球极度夸张，呈柱状向前纵凸伸出 16 厘米。或与古蜀人的天文观测活动相关。

金杖 是古蜀王权的象征。

青铜神树 或许与中国古代神话典籍《山海经》中记载的神树存在关联。

三星堆文物解码

青铜神树

青铜神树：古蜀人的“太阳崇拜”

这棵 3.96 米高的青铜神树，是现存最高的青铜器。九只太阳神鸟停在枝头，树干上盘踞着一条神龙。这与《山海经》中“扶桑十日”的传说高度契合，反映了古蜀人对太阳的崇拜。

青铜纵目面具：三星堆的“面具之王”

这个长 1.38 米的青铜面具，用柱状眼球和招风耳象征“目纵千里，耳听八方”的通天神力，演绎着古蜀人的宇宙想象。

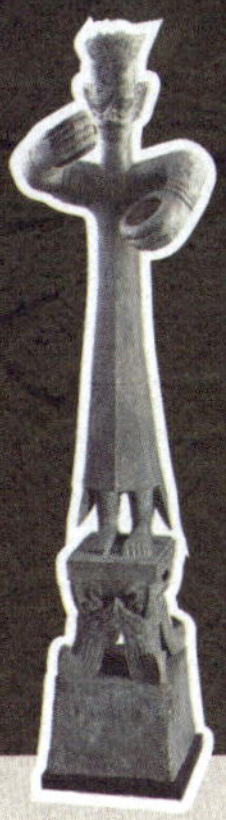
青铜立人像

青铜立人像：神秘的“东方巨人”

青铜立人像连底座通高 2.608 米。这位身着三层华服、手呈环握状的“古蜀人”，可能是手持象牙或玉琮的通天祭司。其衣服纹饰繁复精美，展现出古蜀文明高超的铸造工艺。

青铜太阳形器：神奇的“青铜天文仪”

直径 85 厘米的“青铜方向盘”，其实是以五道芒刺与同心圆构成的太阳图腾。学者发现其角度与天文现象奇妙契合，或为测量节气日影的“青铜天文仪”。

玉边璋：刻录祭祀密码的“玉石天书”

长 54.2 厘米的透闪石玉边璋，以阴刻技法呈现四组“祭山图景”，被列为国家首批禁止出国（境）展览文物。其山形齿刃象征通天神山，持璋跪祭的人像与太阳纹构成“人神对话”的生动画面。

文明交流的“朋友圈”

在祭祀坑里，考古人员发现了**南海贝壳**、**岫岩玉器**和**长江象牙**等，显示古蜀与中原多地存在交流；丝绸残留物的发现，证明古蜀人早就有了丝绸贸易；而青铜器上的饕餮纹，则展示了他们和中原文明的文化互动。

私藏独特品位

- 酷似“愤怒的小鸟”角色的陶猪
- 好像机器狗的“青铜神兽”
- 形似“奥特曼”的青铜小立人

都江堰

惠泽古今的治水智慧

被列入《世界文化遗产名录》

巴蜀文化旅游走廊新地标

“天府之源”“世界水利工程的活化石”

四川省成都市都江堰市城西，岷江中游

全球现存最久远且持续使用至今的无坝引水工程

穿越千年的水利工程

都江堰不是普通的水利设施，而是持续运行2200多年的“古代水利奇迹”。公元前256年，李冰父子用竹笼卵石构筑的工程体系，至今仍在高效处理着成都平原的水量分配、泥沙调控和防洪调度。

Q 都江堰这个没有大坝的引水工程为何能惠泽千年？

A 答案就藏在鱼嘴、飞沙堰、宝瓶口这“三件套”的协同机制中。

核心组件解密：古代水利的“智慧三件套”

1 鱼嘴 自然界的智能导航

这条形似鱼嘴的分水坝，实则是精密的“水量调控器”。

枯水期	汛期
将岷江60%水量引入内江用于灌溉，40%排往外江。	汛期则倒置比例，40%引入内江，60%排往外江。

秘密在于弯道动力学：水流受离心力作用，表层清水离心力大流向内江，底层浑水离心力小流向外江，实现了“四六分水、二八排沙”。

2 飞沙堰 水利界的自动清理大师

飞沙堰是都江堰水利工程的关键组成部分，被认为是世界最早的水沙控制系统。

当内江水量超过宝瓶口容量，多余水流会挟带沙石翻越飞沙堰，利用弯道离心力形成螺旋流，将绝大部分沙石抛往外江。

其高度设计遵循“低作堰”原则：堰顶低于内江堤岸 2.15 米，既保证灌溉用水又防止泥沙淤积。

3 宝瓶口 精准控水的咽喉要道

作为都江堰水利工程的关键引水口，宝瓶口的宽度与深度经过严格测算，误差极小。宝瓶口依托自然山势，通过虹吸原理实现了水流量的动态平衡，使成都平原 2000 多年来始终受益于“水旱从人”的生态水利体系。

火焚水激法

李冰利用热胀冷缩原理，先在岩壁大量架柴猛烧，让岩石炽热，再趁势泼浇寒泉，使岩石因骤热骤冷而爆裂，历时 8 年，终于打通玉垒山。

都江堰工程示意图

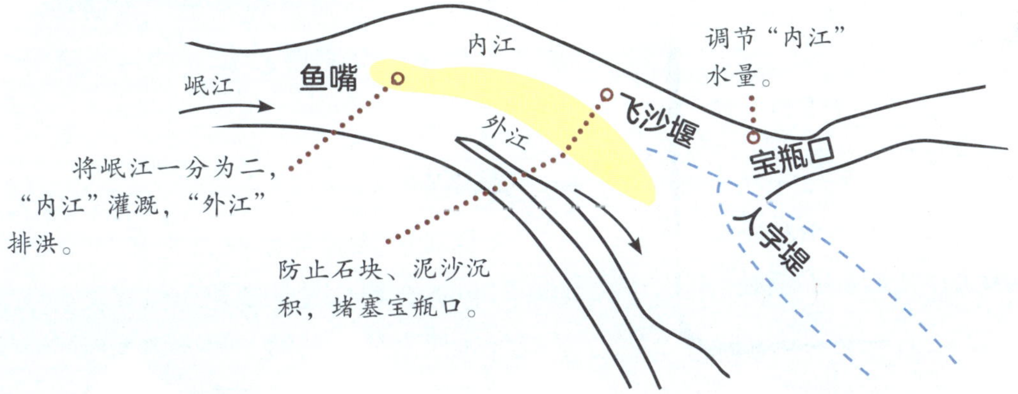

小贴士

- 景区台阶多且潮湿，建议穿防滑鞋。
- 每天有《道解都江堰》实景演出，以精彩表演重现古堰修筑场景。

探秘都江堰之旅

按伏龙观—宝瓶口—飞沙堰—鱼嘴—二王庙的线路游览，能深入了解都江堰水利工程的精妙原理与悠久历史。与此同时，当地丰富的特色美食，如咸香醇厚的都江堰老腊肉、清爽开胃的葱葱卷等，也能给人带来视觉与味觉的双重盛宴。

大熊猫繁育研究基地

『国宝』们的快乐家园

全球大熊猫保护的“旗舰标杆”、保护濒危物种的“中国典范”

四川省成都市成华区熊猫大道

国家 4A 级旅游景区、联合国环境规划署颁发的“全球 500 佳”

小贴士

✦ 在月亮产房能看到大熊猫母子互动的温馨画面。

✦ 11 点后多数大熊猫进入午睡模式，呈糯米团子状。

2 号别墅常驻网红大熊猫

（隐藏福利）

大熊猫基地的保育密码

生态方舟

这座占地约 3.07 平方千米的生态方舟，以保护和繁育大熊猫等中国特有珍稀野生动物而闻名于世。

竹套餐

基地种植着多种竹类植物，饲养员每天为不同的大熊猫定制专属“竹套餐”，老年大熊猫能吃到嫩竹尖，幼崽则有特供竹笋。

气味档案

大熊猫会用肛周腺分泌物留下“气味名片”传递自身信息，基地的保育员会收集这些气味样本建立档案。如今样本库已存有大量气味档案，其中还有多份跨境样本，为全球大熊猫“联谊配对”提供关键参考。

日托服务

基地的大熊猫幼儿园提供日托服务，满月后的幼崽白天由保育员进行行为训练，晚上再送回妈妈身边，既能培养独立能力，又不会缺失母爱。不同大熊猫育幼方式差异极大，有的妈妈会带崽生活 2~3 年，有的妈妈半年就会让幼崽独立生活。

成都大熊猫基地的“网红”大熊猫

“太阳独子” 福多多

福多多出生于基地的太阳产房，那一年太阳产房只出生了它一只大熊猫宝宝，因此被称为“太阳独子”。它活泼好动，喜欢玩各种玩具。

网红特质 HOT

福多多非常调皮，小时候经常踩着熊猫窝“越狱”。它还比较黏饲养员，经常与其进行有趣的互动。

“干饭冠军” 润玥

润玥出生于基地的月亮产房，小时候经常被妈妈舔舐，因此毛色偏黄。它的干饭能力极强，别的大熊猫第一口笋还没咽下去，它就已经吃完一根了。

网红特质 HOT

作为一名“小吃货”，它获取食物的动作又快又准，偶尔还会抢食，不过平时对待小伙伴十分友好。

“行走”的小饭团 和花

和花的身材像一个三角饭团。它能听懂四川味的普通话“果赖（过来）”，因为它知道饲养员这样一喊，自己就有饭吃了。它很爱干净，喜欢坐在盆里慢慢地洗澡。

网红特质 HOT

因发育迟缓总被抢食，却靠“突然伸手护食”的可爱行为戳中网友们的笑点。

“弟弟变妹妹” 和叶

和叶是和花的双胞胎妹妹，出生时曾被误认为弟弟。虽然是双胞胎，它的个头儿却比姐姐大很多。它活泼好动，经常吓姐姐和花一跳，被称为“熊来风”。

网红特质 HOT

和叶非常照顾姐姐，有时候姐姐还会趴在它身上找奶喝。因为这件事，和叶有了“三岁便带崽”的笑谈。

“初代网红” 福顺

福顺出生于明星熊猫家族，母亲是性格活泼的“奇福”，父亲是旅美归国的“美兰”。它还有双胞胎妹妹“福来”，喜欢与妹妹互动，但也会因护食与同伴打架。

网红特质 HOT

幼年时因“倒栽葱”式摔跤意外爆红，被戏称为“史上最惨熊猫宝宝”。

“憨憨灰姐” 绩笑

绩笑出生时毛色呈灰色，辨识度极高，被称为“灰姐”。它很胆小，常有卡头、昏睡等憨态可掬的行为，又被称为“绩憨憨”。

网红特质 HOT

它和闺密成风、成浪的互动十分有趣，被誉为“笑风浪”组合，为大家带来了很多欢乐。

黄果树瀑布

亚洲第一瀑的山水绝唱

高 77.8 米，宽 101 米

- “华夏水魂”“世界级喀斯特奇观”
- 贵州省安顺市镇宁布依族苗族自治县
- 国家 5A 级旅游景区，世界上最大的瀑布群，《中国国家地理》评选的“中国最美六大瀑布”之一

黄果树瀑布的说明书

顶部水流层

黄果树瀑布的“生命之源”是白水河。白水河发源自喀斯特地貌的地下溶洞，像永不枯竭的供水站。每到雨季，河水汹涌，瀑布顶部水量暴涨，每秒倾泻的水量能灌满 25 个标准泳池。汹涌的水流泻下，如银河倒悬，轰鸣声响彻山谷，场面震撼到让人挪不开眼。

瀑水潭

瀑水潭是瀑布下方承接水流冲击的深潭。当水流如巨锤般砸向瀑水潭的岩石时，瞬间产生的高压能挤进岩石缝隙。同时，水流中的气泡从低压区进入高压区后会突然炸裂，也使岩石裂缝不断扩大，最终崩碎，造就了瀑水潭如今的模样。

瀑布主体

黄果树瀑布的主体由 2 亿多年前中三叠纪形成的碳酸盐岩层构成，层理分明：每一层都是远古海洋的“地质日记本”，记录着碳酸钙的沉积韵律。溶蚀孔洞堪称大自然的雕刻工坊——含二氧化碳的流水持续溶解碳酸钙，像隐形的牙齿啃出蜂窝状洞穴，形成“水帘洞”奇观，这可是喀斯特地貌的“专属身份证”。

地下河通道

在黄果树瀑布所在的喀斯特地貌区域，石灰岩不断被流水侵蚀，形成奇观：地上峰林如笋尖刺破云霄，溶洞里钟乳石与石笋对峙生长。暗河在岩层深处潜行，不断侵蚀扩大洞腔，促使天坑形成。这里的大地仿佛被施了魔法，每一处都镌刻着水流雕刻的印痕。

底层基岩

水里溶解的碳酸钙就像流动的奶霜，当水流撞击黄果树瀑布的底层基岩时，将钙质糊在岩石上，慢慢凝固成硬壳。这些“钙质层”不仅能填平岩石裂缝，还是抗冲刷的天然铠甲。

小贴士

- “86版”《西游记》就是在黄果树瀑布的水帘洞拍摄了孙悟空飞进水帘洞的名场面。
- 下午2~4点阳光斜射时，如果空气湿度合适，在水帘洞第三洞窗可见“双彩虹环”奇观。

“植物王国”“天然动物园”

中国云南省最南端，与老挝、缅甸交界

中国热带雨林生态系统保存最完整的地区之一；世界生物圈保护区；傣族文化代表性地区

西双版纳

热带雨林奇遇记

中国科学院西双版纳热带植物园

中国科学院西双版纳热带植物园不仅是植物的“博物馆”，更是自然爱好者的“探险乐园”。在这里，你可以近距离观察会“跳舞”的草、会“魔法”的疣柄魔芋，还有能“载人”的王莲……

探险清单

西双版纳

舞草

在听到特定频率的声音时，**舞草会轻轻摆动，仿佛在“跳舞”**。这是舞草感知周围环境、应对外部刺激的一种方式。

疣柄魔芋

疣柄魔芋开花时会释放腐臭味气体，**吸引食腐昆虫前来传粉**。

王莲的叶片直径可达2米，能轻松承载一个小孩儿的重量。这是因为王莲的叶片背面具有放射状的粗壮叶脉，**形成高效力学支撑结构**。

王莲

西双版纳傣族文化奇遇

西双版纳的傣族文化充满了独特的魅力，无论是泼水节的狂欢，还是孔雀舞的优雅，都令人难忘。

泼水节 湿身狂欢的“祝福盛宴”

泼水节是傣族最盛大的节日，每年4月举行。人们用水互相泼洒，寓意洗去霉运，迎来好运。

野象谷

野象谷是亚洲象的重要栖息地，也是中国能近距离观察野生亚洲象的地方。如果运气好，还能偶遇优雅的绿孔雀！

亚洲象

亚洲象是亚洲陆地上最大的哺乳动物，体重可达5吨。母象孕期18～22个月，**是孕期最长的哺乳动物**。

绿孔雀

绿孔雀是西双版纳的标志性鸟类，**尾羽华丽，开屏就像一把“翡翠扇子”**。绿孔雀因数量稀少，被列为国家一级保护动物。

望天树景区

欢迎来到西双版纳

望天树景区位于西双版纳勐腊县，是中国具有代表性的热带雨林保护区之一。这里不仅有茂密的原始森林，还有代表东南亚热带雨林的标志性树种——望天树。

望天树

望天树是热带雨林中的“巨人”，高度60～80米，然而望天树的种子却非常小，简直是植物界的“奇迹”！

温馨提示

- 热带气候湿热，穿一身轻便透气的衣物，方便活动又凉快。
- 如果赶上泼水节，记得带防水袋保护手机和相机，再准备一套换洗衣物。
- 西双版纳的热带水果非常好吃，但吃多了容易上火。

孔雀舞 优雅灵动的“傣族艺术”

◎ 孔雀舞是傣族的传统舞蹈，舞者身着华丽的舞蹈服饰，模仿孔雀的姿态，动作优雅灵动。作为中国非物质文化遗产，孔雀舞不仅是傣族文化的象征，更是**傣族艺术的“活化石”**。

生僻字注音 傣（dǎi） 疣（yóu） 勐（měng）

云冈石窟

一部刻在岩壁上的立体史书

- “真容巨壮，世法所希”、“中国四大石窟”之一
- 山西省大同市武州山南麓
- 全国重点文物保护单位、世界文化遗产、国家 5A 级旅游景区

主要文物

- **昙曜五窟** 云冈的“开篇巨制”
- **音乐窟** 北魏的“音乐殿堂”
- **露天大佛** 云冈的“封面明星”

小贴士 ❶ 严格遵守洞窟内禁止拍照的规定。 ❷ 提前线上购票，扫码进入景区更方便。

举全国之力打造的“皇家艺术馆”

云冈石窟是我国规模最大的古代石窟群之一。它依山开凿，东西绵延约 1000 米。

北魏时（距今约 1500 年），高僧昙曜主持开凿了昙曜五窟，以北魏五帝为楷模，雕刻了五尊大像。

文成帝 第 16 窟 | 景穆帝 第 17 窟 | 明元帝 第 18 窟 | 道武帝 第 19 窟 | 太武帝 第 20 窟

刻在石头上的欧亚文明交流日记

北魏鲜卑人以武州山的石材为载体，将印度佛陀的造型样式、希腊古典雕塑的衣纹表现手法、波斯乐器的曲线元素巧妙融合。石窟既彰显了游牧民族的豪迈气质，也承载着丝绸之路文化交流的丰硕成果，堪称古代欧亚文明深度交融的杰出典范。

北魏时期
- 昙曜五窟拉开序幕
- 大规模营建大型洞窟
- 开凿众多中小型洞窟

唐代
- 局部修缮和补刻

辽金时期
- 大规模修整建寺

明代
- 遭李自成起义军破坏

③ 勿携带危险品进入，景区内禁止吸烟。 ④ 禁止触摸佛像和壁画，自觉爱护文物古迹。

北魏时期云冈石窟图案

第 5 窟的树下坐佛图案

一部岁月雕琢的史诗

云冈石窟部分洞窟的砂岩风化，使洞内造像化作朦胧剪影，别具一番韵味。第 20 窟标志性的露天大佛，高约 13.7 米，虽饱经沧桑，但依旧雄伟壮观。随着岁月的流逝，洞窟不断被侵蚀，颜色渐渐消退，衣纹日渐模糊，这些都在提醒我们：每一道凿痕都是古人留给未来的信，我们要用科技与敬畏之心继续守护。

历史过程

清代
- 康熙题匾“庄严法相”
- 乾隆时期修葺

近代
- 梁思成、林徽因考察研究

现代
- 大规模整治保护
- 成为全国首批重点文物保护单位

平遥古城

汇通天下的晋商传奇

中国四大古城

徽州古城　阆中古城　**平遥古城**　丽江古城

中国明清金融文化的“活态博物馆”

山西省晋中市平遥县

世界文化遗产、国家级历史文化名城、国家 5A 级旅游景区

建筑奇观与文化符号

- 古城墙　防御奇迹
- 日昇昌票号　古代银行安全教科书
- 明清街道与民居　晋商审美下的市井画卷

龟背上的城池

平均 10 米高的城墙像巨龙般盘踞，整座城呈灵龟形。南门象征龟首，两口古井作龟眼；北门龟尾设计成全城最低点，积水都从这儿排出；现存的 4 座完整的瓮城像龟爪蜷曲，4 座城门中有 3 座均向南开，只有下东门径直向东开，像一只龟爪被“拴”在 7.5 千米外的麓台塔上，传说这样乌龟就跑不掉了。内部建筑也仿照龟背上的纹路，以 4 条大街、8 条小街、72 条蚰蜒巷组成八卦阵般的交通网，金井市楼位于中轴线核心位置。这种仿生学设计，暗藏古人“固若金汤”的营造智慧。

平遥古城示意图

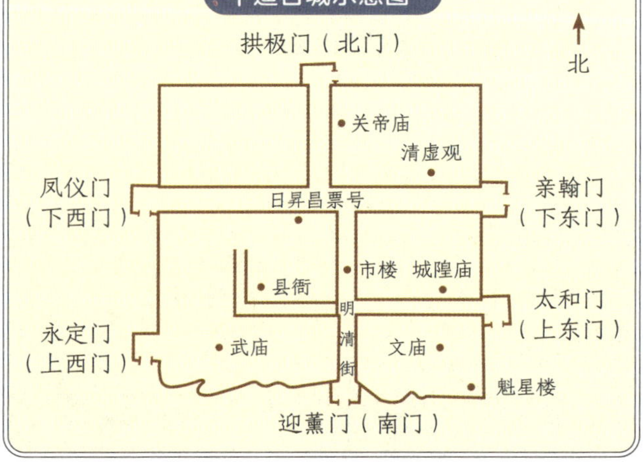

平遥古城景点分布示意图

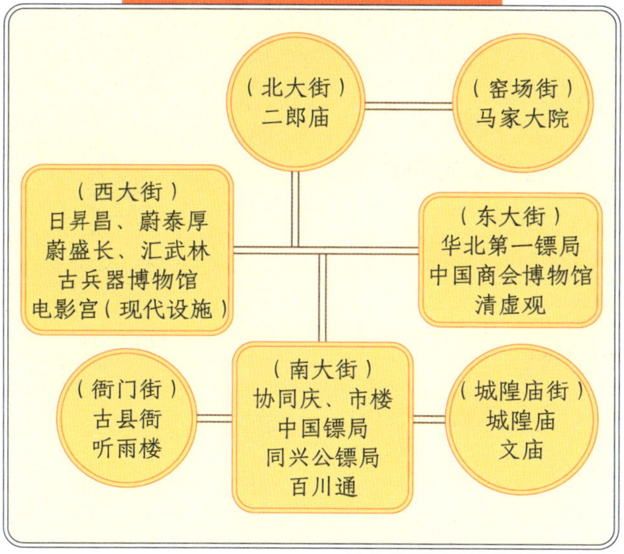

金融帝国的铁血护卫

从平遥出发的万里商道上，镖局承担着现银押运与重要文书、票据护送的重任。镖师不仅要精通十八般武艺，还要辨识票据密押与钱庄印鉴，更要保证巨额票据能够安全穿越土匪横行的险要商路，顺利往返。他们是古代金融流通的重要保障，更是如意拳、通背拳等北方拳种的重要传承者。

古代公务员的日常

平遥古城保存着中国最完整的明清县衙建筑群。县衙大堂正中悬挂清代“明镜高悬”匾额，陈列着水火棍、夹棍等刑具。仪门有60厘米高的门槛，要求官员端肃跨过，彰显官府威仪。大堂楹联写着“吃百姓之饭，穿百姓之衣”，体现了中国传统的民本思想。

“日昇昌票号也算是金融鼻祖”

古代金融中心

这里是中国古代的金融中心，在这里曾诞生了中国第一家票号——日昇昌。1823年，颜料商雷履泰基于商业需求，把颜料行改造成跨区域金融网络，首创汇票体系，替代现银运输，大大提高货币流通效率。票号院内地下金库设有隐蔽通道和防盗设施，结构十分严密，堪称“古代银行安全教科书”。

我也是平遥古城的特色！

小贴士

- 通票3日内有效，每个景点在有效期内可刷票进入一次。
- 外地燃油车禁止入古城（新能源车可登记）。

鹳雀楼

诗画交融的黄河文化地标

中国历史名楼之一

山西省永济市蒲州古城西侧黄河东岸

北周军事戍楼、王之涣封神之地、历代文人题咏胜地，2002 年按唐代形制重建，2003 年获中国建筑工程鲁班奖

人文密码 古人的热搜现场

 # 宇文护的军事戍楼 # TOP1

南北朝时期，黄河是北齐与北周的对峙前线，蒲州地区是北周在河东的桥头堡，大将军宇文护在这里建立军事堡垒。因为鹳雀等鸟类常飞来停歇，所以称之为“鹳雀楼”。

 # 王之涣的封神之地 # TOP2

唐代诗人王之涣辞官以后，游历至此写下《登鹳雀楼》，此诗被誉为“唐代五绝压卷之作”。

 # 中华诗坛的朝圣地 # TOP3

除王之涣外，其他众多文人墨客都曾来此登高赏景，并留下诗篇：有李益的“汉家箫鼓空流水，魏国山河半夕阳”的怀古，有畅当的“迥临飞鸟上，高出世尘间”的壮怀，也有耿湋的“终年不得意，空觉负东溪”的感怀，还有晚唐司马札的“兴亡留白日，今古共红尘”的慨叹。

 # 书法艺术长廊 # TOP4

楼内荟萃了历代书法大家的艺术瑰宝，令人目不暇接：苏轼的尚意书风挥洒自如，米芾的八面出锋笔走龙蛇，启功先生的典雅书风清隽秀逸……

 # 跨越千年的文化延续 # TOP5

国产游戏《黑神话·悟空》中以鹳雀楼建筑为原型，通过数字艺术的创造性转化，再现了唐风建筑的雄浑气韵。

小拓展

登鹳雀楼

（唐）王之涣

白日依山尽，
黄河入海流。
欲穷千里目，
更上一层楼。

20 字绘下北国河山的磅礴气势。“欲穷千里目，更上一层楼”更成为一代代中国人的精神格言。

苏轼的尚意书风代表作

《黄州寒食诗帖》《祭黄几道文》

米芾的八面出锋代表作

《苕溪诗卷》《蜀素帖》

启功的典雅书风代表作

《论书绝句百首》《自作诗卷》

生僻字注音 湋（wéi）

登楼体验
山河画卷的沉浸之旅

第一层 千古绝唱

通过大型彩塑、壁画等形式展现王之涣的诗作《登鹳雀楼》，以及鹳雀楼的历史沿革、唐代蒲州的繁盛景象。

第二层 源远流长

西望蚩尤血映盐池，东见舜帝躬耕历山，北览大禹斧凿龙门，南接柳宗元故里……这些堪称鹳雀楼诞生的人文土壤。

第三层 亘古文明

还原古代冶铁、制盐、酿酒等工艺场景，比如永济铸造黄河大铁牛时的壮观场景、河东盐池产盐的盛景以及白居易笔下“桑落气薰珠翠暖”的桑落酒酿造情景等。

第四层 鉴古察今

通过声光电等高科技技术，结合 AR 互动，将鹳雀楼的沧桑变迁和丰富内涵生动地展示在游客面前。

第五层 风雅诗书

展现现存 20 多首唐宋时期与鹳雀楼相关的题咏诗作。

第六层 极目千里

360 度观景台，可俯瞰黄河，远眺中条山与华山，雨天还能触发“烟雨山河”的特效（为现代文旅设计），十分符合“欲穷千里目”的意境。

小贴士

- 楼内台阶较高，小心攀登。
- 景区划分为四大主题游览区，游览时间 3~4 小时。
- 若想拍摄“白日依山尽”的经典画面，需在日落前 1 小时到顶层西侧观景台。

避暑山庄

塞外的“第二个紫禁城”

承德离宫、热河行宫

河北省承德市

世界现存最大的古代皇家园林，第一批全国重点文物保护单位

秘

“皇家度假村”的秘密

河北承德地处燕山腹地，夏天十分凉爽舒适。清朝皇帝难以忍受北京地区的酷暑，于是把承德打造成了“皇家度假村”，每年夏天都来这里避暑，享受山间清风。

正宫主殿

澹泊敬诚殿

皇帝日常办公、举行大典的地方。

避暑山庄：跨越康雍乾三朝修建

康熙时期 1703 年动工修建，康熙皇帝亲自选定并题名“三十六景”，使避暑山庄初具规模。

雍正时期 继续推进避暑山庄的建设，完善功能布局，为后续的大规模建设奠定基础。

乾隆时期 大规模增建和扩建，新增“三十六景”，并引入江南园林风格，最终形成避暑山庄这座规模宏大、功能完备的古代帝王宫苑。

万壑松风景区

万壑松风景区古松参天，每当微风吹过，松涛阵阵。康熙皇帝特别喜欢在这里读书、批阅奏章。

松鹤斋

松鹤斋是乾隆皇帝送给母亲孝圣宪皇太后的“孝心礼物”。这里环境清幽，松鹤相伴，是修身养性的好地方。

清朝皇帝的“边疆会客厅”

清朝皇帝斥巨资打造的这座顶级夏宫，不仅是避暑地，还是处理民族事务的“**边疆会客厅**”。

皇帝在这里接见蒙古、西藏等地的王公贵族，举办宴会、赏赐礼物，处理边疆事务。

避暑山庄的“历史大事件”

1793 年

马嘎尔尼使团的“尴尬见面”：英国的马嘎尔尼率领使团来华，在避暑山庄受到乾隆皇帝接见。双方因为**磕头礼仪问题产生争执**。

1860 年

咸丰皇帝的“英法联军之痛”：英法联军攻入北京，咸丰皇帝仓皇逃至避暑山庄，并**在这里批准了中英、中法《北京条约》**。避暑山庄成了清政府屈辱外交的见证地。

普陀宗乘之庙

“普陀宗乘”与“布达拉”语出同源，意为“观音圣地”，因仿照拉萨布达拉宫修建，故俗称“小布达拉宫”。

千年不垮的『基建神话』

赵州桥

赵州桥也称安济桥，修建于约1400年前，有“天下第一桥”之称

河北省石家庄市赵县

世界上现存最早、跨度最大、保存最完整的单孔坦弧敞肩石拱桥，“国际土木工程历史古迹” TOP

这是我设计的！

天下之雄胜！
——张彧（唐代）

赵州桥的“黑科技”：

单孔、坦弧、敞肩

赵州桥的建筑结构可以用三个词概括：**单孔、坦弧、敞肩**。这些设计堪称“黑科技”，让赵州桥成为古代建筑工程的奇迹！

单孔

河心不立桥墩的“大跨设计”

赵州桥只有一个桥孔，桥体横跨在洨河之上，河心处不立桥墩。这种设计让桥下空间更大，河水得以顺畅通过，可以实现有效泄洪。

坦弧

扁扁的“弓形桥洞”

赵州桥的桥洞看起来像一张扁扁的弓。这种设计不仅让桥面保持平稳，方便车辆与行人通行，还能节省材料、有利于施工，体现出古代工程师的精巧构思。

敞肩

大拱肩上的“四个小帮手”

赵州桥的大拱两侧各有两个小拱，就像“四个小帮手”，不仅减轻了桥的重量，节省了材料，还能使洪水得以快速分流，减少洪水对桥的冲击。

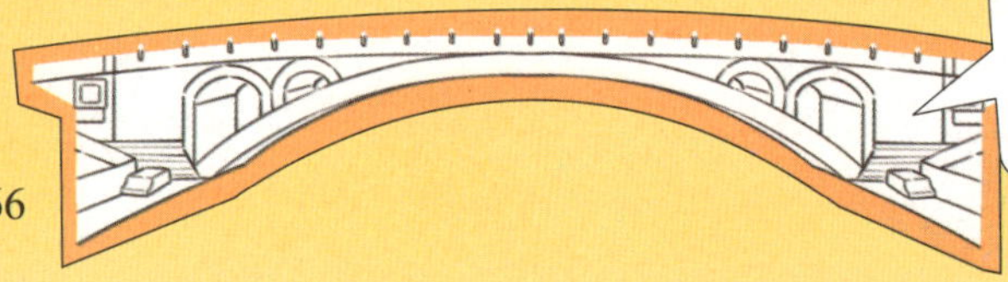

我身长约60米，肩宽约9米，脚跟宽约9.6米。我肩上还有4个小拱，最大的跨度约4米。我厉害吧！

赵州桥的“秘密武器”：

并列式拱券

拱券是桥梁、门窗等建筑物上砌成弧形的部分。那为什么赵州桥用拱券，而不是用砖石直接平铺呢？这里面可有大学问。

拱券样式

承重更大

拱券独特的弧形设计，能把桥梁承受的重量巧妙地分散到两侧的支撑点，而不是全堆在中间。

跨度更大

平铺砖石只能跨越小河沟，想跨越宽阔的河流或者深邃的山谷，可就力不从心了。而拱券能轻松跨越更宽的距离，让天堑变通途。

节省材料

拱券中间是空的，这样能节省一部分材料。古人在建造赵州桥的时候，“精打细算”，确保每一块材料都得到有效利用。

赵州桥的拱券采用并列式设计，如果某一段拱券损坏，只需修复或更换受损部分即可，其他拱券完全不受影响。这样做**既节省了修复成本和时间，又保护了桥梁的整体结构。**

赵州桥的“艺术彩蛋”：

精美的雕刻

桥栏板 刻上去的“涂鸦”

赵州桥的栏板上雕刻着龙、兽、花、草等图案，形象十分生动。

拱券 低调的“工程签名”

拱券上刻有一些花纹和文字，虽然不如栏板雕刻那么显眼，但它们是古代工匠的“签名”，记录了桥梁的建造信息和工匠的巧思。

桥面 历史的“印记”

桥面上有一些凹痕，传说是张果老的毛驴留下的，其实这些痕迹更可能是人们长期使用的结果。

生僻字注音 券（xuàn）

西柏坡

改变中国命运的革命圣地

新中国的“摇篮”

河北省石家庄市平山县

1948 年 5 月至 1949 年 3 月中共中央所在地、中国共产党七届二中全会召开地

“进京赶考”的起点，新中国从这里启航

1949 年 3 月 23 日，党中央从西柏坡启程前往北京，开始筹备建立新中国。毛主席形象地把这次行动比作“进京赶考”，借此提醒全党建设新中国是“大考”，要始终保持谦虚谨慎、艰苦奋斗的作风。

运筹帷幄，决胜千里之外

1948~1949 年，**中共中央在西柏坡指挥了辽沈、淮海、平津三大战役**，基本上消灭了国民党赖以维持其反动统治的主要军事力量。

1948.9.12～1948.11.2
辽沈战役
解放东北全境

1948.11.6～1949.1.10
淮海战役
解放长江以北的广大地区

1948.11.29～1949.1.31
平津战役
和平解放北平（今北京），基本解放了华北全境

西柏坡“红色景点”：追寻革命历史足迹

西柏坡中共中央旧址

占地 16440 平方米，展现了当时中央领导的工作和生活环境，让人瞬间穿越到那段激情燃烧的岁月。

西柏坡纪念馆

占地 13400 平方米，主体陈列“新中国从这里走来”，系统展示了中共中央在西柏坡时期指挥三大战役、召开七届二中全会等重大历史事件。

西柏坡纪念碑

为纪念毛泽东同志诞辰 100 周年而建，高 20.5 米，是西柏坡精神的象征。

青少年文明园

占地 4600 平方米，园内有象征革命精神的松柏，还有革命箴言碑林等教育设施，是开展革命传统教育的重要场所。

西柏坡丰碑林

占地 11000 平方米，镌刻着 560 余幅革命诗词作品，具有重要的史料价值和书法艺术价值。

西柏坡“红色之旅”：探访河北革命老区

西柏坡，这个位于河北省平山县的小村庄，虽然看起来普普通通，却是“解放全中国的最后一个农村指挥所”。

从这里出发，开启一场“红色之旅”吧。

阜平县

晋察冀边区的“红色堡垒”

晋察冀抗日根据地是中国共产党创建的第一块敌后根据地，阜平县是其核心区域。

涞源县

黄土岭战役的胜利之地

在黄土岭战役中，八路军击毙了日军中将阿部规秀，极大地震慑了侵华日军。

易县

狼牙山的英雄传奇

1941 年，“狼牙山五壮士”在河北易县狼牙山阻击日军，弹尽粮绝后毅然跳崖，谱写壮丽篇章。

唐县

白求恩与柯棣华的“国际友谊”

“唐县白求恩柯棣华纪念馆”展览采用声、光、电及多媒体技术完整地记述了他们的生命轨迹和光辉历程。

曲阜“三孔”

皇家认证的儒家圣地

- 儒家文化的核心圣地，中华文化的重要象征
- 山东省济宁市曲阜市，孔子故里
- 全国重点文物保护单位，世界文化遗产

孔子是谁？

孔子（前551—前479年），名丘，字仲尼。“子”是古代对有学识、有德行之人的尊称。他创立了儒家学派。他创立的儒家学说精华是中华优秀传统文化的重要组成部分。

孔庙

孔庙是祭祀孔子的场所，也是中国古代建筑发展的见证。孔庙始建于公元前478年，也就是孔子去世后的第二年，历经2000多年的扩建和修缮，形成了今天的规模。

趣味小知识

“大成殿”的屋顶上有9个“脊兽”，规格仅次于故宫太和殿，传说它们可以镇邪避灾。你可以去数一数、认一认这些“脊兽”，想象它们是如何保护这座古老建筑的。

建筑布局

孔庙的建筑布局严格遵守中国古代礼制，以南北中轴线贯穿九进院落，等级秩序分明。从棂星门到大成殿，每一处空间序列都对应儒家“礼”的伦理观念。

大成殿：孔庙的核心建筑，屋顶采用了高等级的“重檐歇山顶”，彰显了孔子“至圣先师”的崇高地位，是历代祭祀孔子的神圣场所。

杏坛：位于孔庙大成殿前，是孔庙的重要组成部分，相传是孔子讲学之处。

为什么“三孔”这么重要？

“三孔”是儒家思想体系的物质见证，对中华文明的价值观形成产生了持续影响。1994 年，“三孔”被联合国教科文组织列入《世界文化遗产名录》，成为全人类的宝贵财富。

碑林和题刻：孔庙内保存了大量的碑刻，其中比较有名的是历代帝王御制碑和名家题刻。这些石碑不仅记录了儒家经典，还见证了中国古代书法艺术的发展。孔庙里还存有明代遗留的“无字碑”。

孔府

孔府占地 16 公顷，共有 463 间房间。孔府本名衍圣公府，是我国现存唯一较完整的明代公爵府。

孔府是孔子后裔直系子孙“衍圣公”居住的地方，建筑非常讲究，有“九进院落”的布局，每一进都有不同的用途。

孔府也是中国古代政治文化的缩影。衍圣公因得益于先祖孔子荣耀，成为中国历史上地位显赫的特殊公爵，与历代朝廷互相依偎，故而经久不衰。

三路布局

中路：前堂后寝，九进院落

前堂 用于会客，处理公务，是对外活动的场所。	大堂	处理公务
	二堂	会见官员
	三堂	处理家族事务
	六厅	六个办事机构，好像朝廷的六部。
后寝 家族生活的场所。		包括前上房、前堂楼、后堂楼等。

西路：名西学，诗文会友和学诗习礼的场所

东路：名东学，接待官员的场所和家庙所在地

孔林

孔林是孔子及其后代的墓地，也是中国现存规模最大、保存最完整的家族墓地。这里有超过 10 万棵树，每一棵树、每一块石碑都承载着岁月的痕迹和历史的记忆。

泰山

皇帝封禅的圣地

“五岳”里的“东岳”，“中国的奥林匹斯山”

山东省泰安市

中华十大名山之一，世界文化与自然双遗产

泰山虽然主峰海拔只有约 1532.7 米，但它的地位非常特殊。古人认为泰山是离天最近的地方，是沟通天地的桥梁，所以称它为“五岳之首”。

四大奇观

泰山日出　云海玉盘　晚霞夕照　黄河金带

最险峻的登山路

十八盘：1 千米内垂直爬升 400 米，1600 余级台阶，被称为“天梯”。

杜甫

会当凌绝顶，
一览众山小。

孟子

孔子登东山而小鲁，
登泰山而小天下。

李白

天门一长啸，
万里清风来。

泰山石刻

泰山上有很多石刻，比如“五岳独尊”“天下第一山”等。这些石刻是古人留下的珍贵印记，记录了他们对泰山的感悟和赞美。游客可以在登山过程中仔细观察，看看能发现多少有趣的石刻。

登泰山，还能见到课本里提到的挑山工。

封禅大典：古代帝王的“祀天圣典”

在古代，许多皇帝会来到泰山举行“封禅大典”，封禅大典是中国古代帝王祭祀天地的最高礼仪。

封禅大典

封：帝王登临泰山之巅筑坛祭天（史称『登封报天』）

禅：在泰山脚下的梁父山等小山设坛祭地（谓之『降禅除地』）

古代帝王通过封禅仪式沟通天地，彰显统治的合法性。

秦始皇

泰山封禅第一人

秦始皇统一六国后，觉得自己的功绩已经“前无古人”，于公元前 219 年到泰山举行封禅大典，开启帝王封禅的先河。

汉武帝

泰山封禅次数最多的皇帝

汉武帝一生封禅泰山 6 次。他觉得泰山是“通天神山”，每次封禅都要率文武百官举行盛大的仪式，以彰显皇权威严，祈求国家昌盛。

唐高宗 武则天

泰山封禅的“夫妻档”

唐高宗和武则天夫妇携手封禅泰山。这次封禅打破了女性不能参与封禅的传统桎梏，开创了女性参与国家最高祭祀仪典的先河。

宋真宗

泰山封禅的最后一位皇帝

宋真宗是历史上最后一位在泰山封禅的皇帝。他和辽国签订澶渊之盟后，为粉饰太平，巩固统治，便以顺应天命为由举行封禅大典。

朝代的审美更迭

宾阳中洞的“秀骨清像”堪称北魏审美典范：主佛释迦牟尼颈部修长，衣纹线条简洁流畅，袈裟宽袍大袖，尽显飘逸之感；两位弟子分立两旁，迦叶面容饱经沧桑，阿难则是少年清秀模样。到了唐代万佛洞，画风突变，佛像造型圆润丰满，契合武周时期“以胖为美”的审美潮流。

西山石窟的千年药方

西山石窟的药方洞刻有150多种唐代药方，内容丰富，堪称古代医疗养生的珍贵记录。药方涉及内科、外科、小儿科、五官科等，所涉及药材在民间都能找到。药方洞的药方是中国现存最早的石刻药方。

龙门石窟

崖壁上的东方雕塑史诗

最美看点

- **宾阳三洞** 北魏汉化改革的历史见证
- **万佛洞** 盛唐石刻的“万佛交响诗”
- **卢舍那大佛** 龙门的“永恒微笑”
- **古阳洞** 开窟最早的洞窟

始凿于北魏孝文帝迁都洛阳（494年）前后，历经北魏、东魏、西魏、北齐、隋、唐、五代、北宋等朝代，接力开凿400余年。今存2300多个窟龛，10万余尊佛像，碑刻题记2800余品。

河南洛阳龙门石窟与甘肃敦煌莫高窟、山西大同云冈石窟、甘肃天水麦积山石窟并称为“中国四大石窟”！

别称“伊阙石窟”

河南省洛阳市南郊伊河两岸的龙门山与香山上

首批全国重点文物保护单位、世界文化遗产、国家5A级旅游景区、东方石刻艺术的“最高境界”、“中国石刻艺术的最高峰”

武则天亲自募捐建造的大佛

传说武则天捐了2万贯（相当于现在约600万元人民币）脂粉钱打造这尊通高17.14米的卢舍那大佛。这座大佛低垂的眉眼藏着“看透不说破”的智慧，嘴角含笑，既庄严慈悲又兼具人间温情，被誉为“世界最美的佛像”。佛像身披通肩式袈裟，衣纹流畅自然，雕刻精美、技艺精湛，堪称唐代造像艺术的巅峰。

洛阳

千年石像，卢舍那的微笑

考古发现大佛面部曾贴金箔，眼镶琉璃，身体覆盖彩绘。

佛像表面涂铅白（古代化妆品原料），既防风化又让彩绘更持久。

大佛的双手因自然灾害或人为破坏而缺失，现存为“断臂”状态。

小贴士 最佳观赏时期：

- 4~5月（牡丹花期）
- 9~10月（秋高气爽）

是谁破坏了龙门石窟？

自然因素：龙门石窟位于石灰岩山体中，长期受风吹、日晒、雨淋及地下水溶蚀影响，岩石中的矿物质因风化作用而逐渐分解、剥落。

人为因素：唐武宗会昌五年（845年）灭佛期间，部分中小型窟龛造像被损毁。

20世纪初至1949年，龙门石窟遭到了严重的盗凿，宾阳中洞《帝后礼佛图》等24处造像被切割贩卖至海外，部分佛首、浮雕流失到欧美博物馆。

黄山

云海中的“怪石博物馆”

“世界文化与自然双遗产”

安徽省黄山市

黄山风景区为国家 5A 级旅游景区、联合国教科文组织评定的“世界地质公园”

黄山的“五绝”

怪石

黄山的怪石千姿百态，有的像人，有的像动物，还有的像神话故事中的角色。这些怪石的形成，源于亿万年的地质运动和风化作用。

猴子观海

奇松

黄山的松树与众不同，它们扎根于岩石缝隙中，千姿百态，坚韧不拔。最著名的当数那棵 800 多岁的迎客松，它像一位热情的主人，张开双臂欢迎每一位游客。

云海

黄山海拔高，湿度大，为云海的形成提供了绝佳的条件。黄山的云海如梦如幻，尤其是在清晨或雨后，云雾缭绕，仿佛仙境。

温泉

黄山的温泉出水温度在 42℃左右，水中含有一些矿物质，具有养生价值。这些温泉的形成与黄山的地热活动有关，是大自然赐予我们的礼物。

冬雪

黄山年均积雪日 40.2 天，冬雪以轻盈灵动的姿态，与奇松、怪石、云海巧妙融合，飞雪、冰挂、雾凇交织如画，将群山装点为晶莹剔透的琉璃世界。

黄山与绘画：画笔下的仙境

黄山的奇峰异石为艺术家带来创作灵感。明朝时，黄山胜景也成为中国风景画家最喜欢的主题，山水画派应运而生。黄山的每一寸土地似乎都在诉说着一个故事，每一片云海都藏着一份诗意。

黄山与诗文：诗人的灵感源泉

自古以来，黄山就是诗人笔下的宠儿。李白写下“黄山四千仞，三十二莲峰”，后人把鸣弦泉旁一块巨石附会成他醉卧的“醉石”。徐霞客曾两次登黄山，留下“登黄山天下无山，观止矣”的千古名句。这些诗文是对黄山自然美的极高赞誉。

黄山与宗教

道教 道教将其视为“仙山”

佛教 翠微寺为唐代古刹，至今香火绵延

黄山重要山峰海拔

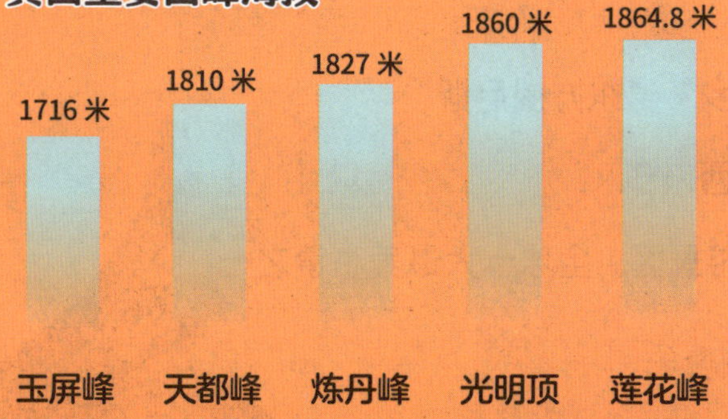

轮休制度：为了养护高山的植被，莲花峰与天都峰实行3~5 年交替开放制。

安全提示：鲫鱼背（天都峰段）仅开放期可通行，需在专业向导陪同下沿护栏前行。

周庄古镇

沈万三发家的温柔水乡

江南六大古镇

同里
甪直
西塘
乌镇
南浔
周庄

“中国第一水乡”“东方威尼斯”

江苏省昆山市西南部

国家 5A 级旅游景区、全球十大最美小镇之一

生僻字注音 甪（lù）

历史脉络
从商贾重镇到文化瑰宝

建镇溯源

周庄原为春秋战国时期吴国封地，北宋元祐元年（1086 年），因周迪功郎捐田建寺而改名周庄。

商贾传奇

元末明初，沈万三凭借水路贸易富甲天下，并推动周庄成为丝绸、瓷器等商品的集散地。现存的“沈厅”尽显当年繁华。

文化沉淀

柳亚子、陈去病等文人曾在这里结社吟诗，昆曲、评弹、宣卷等艺术形式至今在此传承。

建筑与景观
镌刻的江南诗意

双桥：水乡的钥匙

双桥由世德桥和永安桥组成，桥洞一圆一方，被喻为水乡的钥匙。陈逸飞以双桥为原型的油画《故乡的回忆》使周庄古镇声名鹊起。

沈厅：江南民居的瑰宝

沈厅有七进五门楼，100 余间房。砖雕门楼“积厚流光”尽显匠心，走马楼、松茂堂还原了明清富商生活场景。

张厅：船自家中过

张厅“轿从前门进，船自家中过”的格局极为罕见，后院“箬泾河”穿宅而过，展现古人因地制宜的智慧。

全福讲寺：水中佛国

南湖畔的千年古寺，五进殿宇倒映湖面，晨钟暮鼓与橹声相和，禅意悠然。

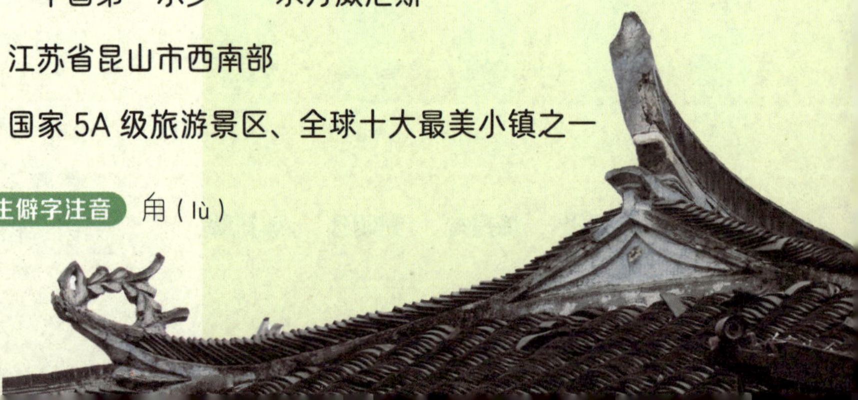

文化标签
非遗与民俗的鲜活传承

阿婆茶

沿袭500余年的茶俗，邻里围坐木桌，以祖上传下的铜铫烧水，冲泡清茶，配以腌菜和青团，一起闲话家常。

万三家宴

以明代富商沈万三宴客传说为蓝本，包含莼菜鲈鱼羹、蒸焖鳝筒等特色菜肴。核心菜品万三蹄需用瓷刀分食，寓意“金刀留福”。

水乡婚俗

新郎乘迎亲船接上戴凤冠披霞帔的新娘，在锣鼓声中“摇快船”，演绎传统婚俗，热闹非凡。

夜周庄

通过现代光影技术重塑水乡夜景，双桥、富安桥灯火辉映，古戏台定期上演昆曲选段，游船项目还原“吴中舟楫好夷游”的古典意境。

非遗工坊

周庄现存竹编、庄炉、土布等传统工艺，其中“十月白”酿酒技艺承袭清代古法。刺绣、竹编体验馆，邀请匠人现场教学，让非遗文化可触可感。

深度体验线路
穿越时空的水乡之旅

GO!

清晨

晨雾泛舟

清晨乘手摇船，穿行双桥、富安桥，看薄雾中炊烟袅袅。

午后

午后探宅

沈厅赏砖雕，张厅观河道穿宅，在南社百年书院边喝茶边读书。

黄昏

黄昏听曲

在古戏台前点一壶茶，听评弹《白蛇传》，或至三毛茶楼翻阅作家手稿复件。

夜晚

夜游迷楼

登临贞丰桥畔迷楼，品一盏桂花酿，遥想南社文人把酒临风，以文会友的豪情。

美食建议

万三蹄　奥灶面　青团　芡实糕　碧螺春

苏州园林

水墨丹青中的诗意栖居

“江南园林甲天下，苏州园林甲江南”

江苏省苏州市

1997 年，拙政园、留园、网师园和环秀山庄被列入《世界文化遗产名录》

建筑与自然的和谐共生

苏州园林通过巧妙的设计，让建筑与自然『无缝衔接』。

拙政园

拙政园的远香堂，名字取自《爱莲说》的“香远益清”，因其与自然景观的完美结合而成为听雨、赏荷的绝佳去处。

苏州园林布局特色

总体布局

弯弯绕绕，惊喜不断

园路蜿蜒，每走一步都有新发现，像在玩一场“寻宝游戏”。

空间分隔

漏窗借景，虚实交错

漏窗是园林的“魔法镜”，透过漏窗，有限的空间变得层次丰富，意趣无穷。

水体设计

静中有动，倒影成画

明净的水面形成园中广阔的空间，给人以清澈、幽静、开朗之感。

园林中的诗意栖居

苏州园林每一处景致都如精心构图的山水画，让人目不暇接。

狮子林

狮子林的假山群，既有山的“霸气”，又有林的“神秘”，假山洞壑匠心独运，一草一木别具神韵。

“咫尺山林”的设计，简直是古人对“理想生活”的诗意表达。

园林承载的历史记忆

每一座园林都有其“独家故事”。

拙政园

最初属于明代官员王献臣，后来几经易主和改造，每一次变迁都留下了“时代的印记”。

留园

经清代刘恕改建，融合了繁复精巧的风格，与拙政园的疏朗形成鲜明对比。

这些园林不仅是“风景”，更是“历史宝藏”，值得细细品味。

建筑布局

随形就势，自然天成

建筑如从山水中生长而出，依山傍水，错落有致。

植物配置

四季轮转，花木含情

四季更迭，梅花于霜雪中诠释坚韧，翠竹在风雨里彰显高洁，每一株花木都承载着故事，撩动人的心弦。

细节装饰

精雕细琢，寓意深厚

一砖一瓦都巧夺天工，令人叹为观止，而且承载着厚重的文化意蕴。

上海外滩、东方明珠广播电视塔

黄浦江畔的十里洋场与『城市火箭』

上海外滩

“魔都心脏”“远东华尔街”

上海市黄浦区中山东一路，紧邻黄浦江

“90 年代上海十大新景观”之一、首批中国历史文化街区

全长 约 1.5 千米　母亲河 黄浦江

从泥滩到“东方华尔街”

外滩百年变身记

1842 年　第一次鸦片战争后，上海成为五个对外通商口岸之一。

1845 年　英国依据《上海土地章程》把外滩划为租界，洋行、银行纷纷入驻。

1945 年　国民政府宣布收回租界管理权，上海租界时代基本结束。

1949 年　中华人民共和国成立后，外滩真正回归人民，变成了上海的“城市名片”。

上海的“历史立体书”

上海外滩素有『万国建筑博览群』之称，52幢风格迥异的建筑是上海的『历史立体书』。

老上海的“传奇地标”。和平饭店曾经是上海最豪华的酒店。

外滩的“时间守护者”。海关大楼的钟声每隔 15 分钟就会响起。

曾经的“远东第一楼”。汇丰银行大楼曾被誉为“从苏伊士运河到远东白令海峡最讲究的建筑”。它的穹顶有八幅镶嵌画，分别描绘了 20 世纪初全球八个重要城市。

夜晚 7 点至 9 点，灯光全开，夜景最美！

东方明珠广播电视塔

“沪上通天柱”“魔都之冠”

上海市浦东新区世纪大道 1 号黄浦江畔

国家 5A 级旅游景区、“中国土木工程詹天佑奖”

生日 1994 年 10 月 1 日　高度 468 米

脑洞大开的独特造型

东方明珠广播电视塔的设计灵感来源于唐代诗人白居易《琵琶行》中的诗句“大珠小珠落玉盘”。

设计师巧妙地将 11 个大小不一、错落有致的球体，通过 3 根直径 9 米的擎天立柱串联起来。远远看去，这些球体就像从天上洒落的明珠。

丰富多样的观景体验

塔内设有多个观光层，如 259 米高的全透明观光廊，游客可体验“空中漫步”，360 度饱览上海城市风光；351 米高的太空舱，配置全息投影设备，营造从云端瞭望宇宙的震撼观感。不同高度和视角，带来多样观景感受。

别有洞天的巧妙设计“从头到脚都好玩”

太空舱：“云端瞭望台”

游客可以 360 度俯瞰黄浦江两岸景致，欣赏城市的繁华与自然景观的交相辉映。

擎天立柱：“钢铁巨人手臂”

3 根直径 9 米的擎天立柱，是东方明珠广播电视塔的“定海神针”，抗风抗震，守护着塔的安全。

零米大厅：“时光穿梭机”

零米大厅是上海城市历史发展陈列馆所在地。陈列馆通过蜡像、文物和多媒体展示，带你穿越时空，深入了解这座国际化大都市。

神农架

北纬 31° 的生态秘境

标签

世界自然遗产、野人传说之乡、中国最美湿地之一

"华中屋脊"

湖北省西北部

联合国教科文组织人与生物圈自然保护区、世界地质公园、世界遗产三大保护制度共同录入

秘境奇观

地球演化的立体档案

生命方舟

神农架垂直气温差异显著，形成多样的生态环境，为不同习性的物种提供了生存空间。

气候魔方

最高峰神农顶海拔 3106.2 米，最低点石柱河海拔仅为 398 米，海拔梯度大，形成"山脚盛夏山顶春，山麓艳秋山顶冰"的垂直气候奇观。

地质奇观

新生代以来的地壳运动，将神农架塑造成平均海拔 1700 米的高地。巍巍山脊，以嶙峋的棱角铭刻着岁月的地质史诗，星罗棋布的喀斯特地貌溶洞暗藏着大地奥秘。

深度体验线路

1 神农顶

海拔 3106.2 米，被誉为"华中屋脊"。因为海拔高，6 月仍可飞雪。这里不仅分布着高山草甸，还有大面积箭竹林和冷杉林，是研究高山生态系统的天然实验室。

2 大九湖

传说此地曾是薛刚反唐时的屯兵牧场，如今成为黑鹳、梅花鹿等珍稀动物的栖息地。

3 板壁岩

这里喀斯特地貌与冰川遗迹并存，形成飞来石、孔雀岩等奇观，是地质教学研究的天然课堂。

基因库的生命密码

白化动物营

白熊、白鹿、白蛇等多种白化动物，为研究动物遗传变异现象提供了重要样本。

植物“活化石”

珙桐源自百万年前，银杏起源于恐龙时代。这些植物对研究植物进化具有重要意义。

昆虫元宇宙

已发现5400多种昆虫，还有新物种不断被发现。

文明褶皱 神话照进现实

神农传说

神农架因神农氏架木为梯尝百草的传说而得名。这里流传着汉民族创世神话史诗《黑暗传》，成为研究地方民俗文化的重要素材。

悬棺谜题

阴峪河峡谷的峭壁上，留存的战国古僰人悬棺与岩画，为研究巴楚人的信仰与文化提供了重要线索。

野人悬案

半个世纪以来，上百起目击报告、可疑毛发、不明脚印，让神农架持续占据全球未解之谜的“热搜榜”。

2300多名护林员人均护林2000亩，他们用脚步丈量青山，守护着神农架的茫茫林海。

4 神农谷

这里的森林覆盖率达98.75%，是云雾缭绕的“天然氧吧”。毛冠鹿等珍稀动物徜徉其间。

5 金猴岭

这里生活着川金丝猴家族，它们在猴王的带领下觅食、玩耍。

6 天生桥

天生桥是天然拱桥，由河流长期冲刷山体形成。

7 官门山博物馆

4D影院生动还原野人传说，标本馆收藏了几千种动植物标本，记录着它们的“生命档案”。

生僻字注音 珙（gǒng） 僰（bó）

黄鹤楼

荆楚大地的千年精神坐标

- “中国古代四大名楼”之一
- 湖北省武汉市武昌区蛇山之巅
- 全国重点文物保护单位

小彩蛋

5 层飞檐，60 个翘角，每个翘角悬挂铜铃，微风吹来叮当作响。

一座楼

白云千载空悠悠——

建筑里的时空密码

这座 5 层攒尖顶楼阁始建于三国时期，最初只是夏口城（今武汉）的军事楼。

现存建筑为 1985 年重建，但高度还原了清代“同治楼”的形制。它的飞檐翘角“如鸟斯革，如翚斯飞”，让整个建筑仿佛要乘风归去。

通高 51.4 米，暗含玄机——5 层对应金、木、水、火、土五行，1 层方室空阔幽深，颇得混沌未开之趣，4 面观景回廊恰如四季轮回。

卷草纹

廊柱雕刻了不同时代的典型纹样：从汉代青铜器上的饕餮纹，到唐代敦煌卷草纹样，再到明清常见的祥云图案，形成纹饰演变的微缩景观。

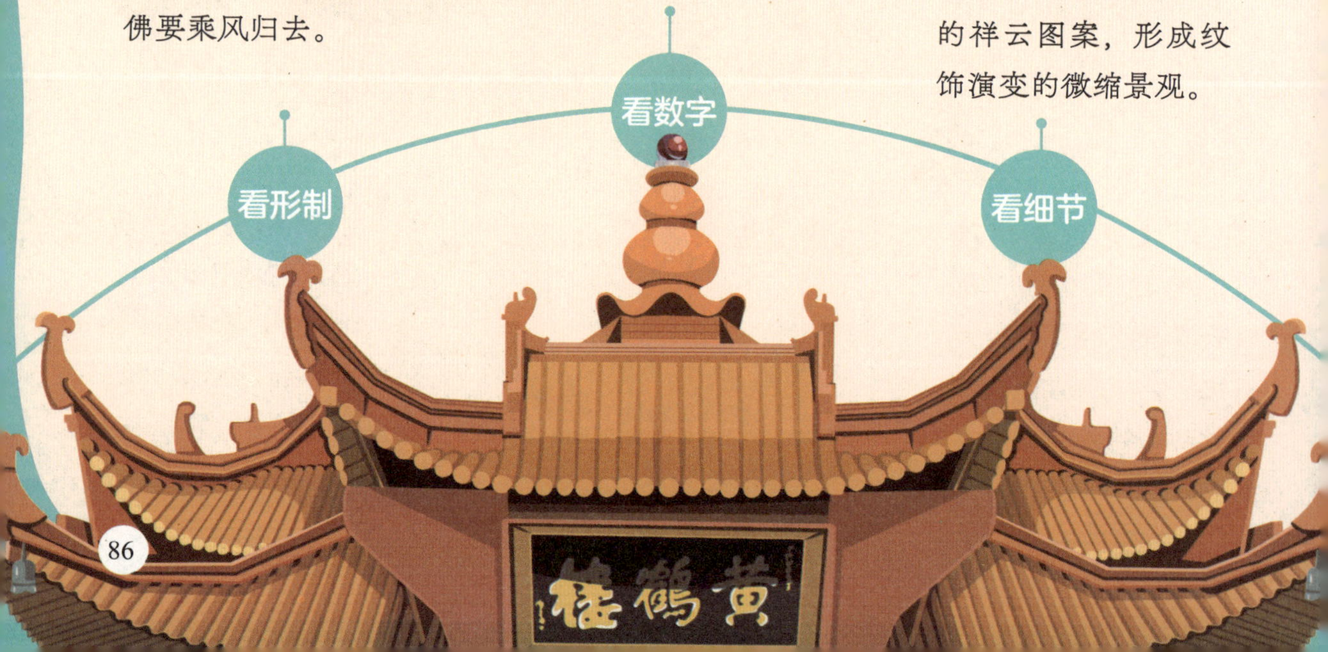

两首诗

此地空余黄鹤楼——

诗词中的文化基因

数据见证

历代吟咏黄鹤楼的诗词达千余首，仅旧志中收录的就达400多首，堪称中国诗词文化的经典符号。

崔颢

昔人已乘黄鹤去，
此地空余黄鹤楼。

李白

故人西辞黄鹤楼，
烟花三月下扬州。

崔颢的这首诗让黄鹤楼逐渐升华为中国文化史上的不朽地标。

李白在黄鹤楼送别孟浩然时创作的这首诗，让黄鹤楼成为名扬千古的胜地。

三生三世

极目楚天舒——

长江文明的精神坐标

黄鹤楼屹立在蛇山之巅，见证了武汉城市的发展与变迁，更是武汉最为耀眼的记忆符号：

地理枢纽

黄鹤楼被绘入明代《江汉揽胜图》，千百年来见证着长江航运的繁华。

文化层积

自三国时起，黄鹤楼历经千年风云：岳飞曾在此驻军抗金；张之洞于此筹办汉阳铁厂；辛亥革命的枪声在此响起。一砖一瓦，都沉淀着中华文明的精神密码。

现代重生

如今的黄鹤楼借助夜景灯光秀融合AR技术，将“黄鹤翱翔”的千年传说投射于夜空，光影流转间，让历史文化在现代科技中焕发新生。

生僻字注音 翚（huī）

张家界

雾锁千峰的奇幻王国

被称为“扩大的盆景，缩小的仙境”

湖南省西北部

张家界国家森林公园 1992 年被列入世界自然遗产名录；2004 年被列入全球首批世界地质公园

欢迎来到张家界！#

这是世界上最高的户外电梯——百龙天梯，带你直冲云霄！

“奇峰三千，秀水八百”

天门山　云端的“通天之门”

天门山山顶有一个巨大的天然穿山溶洞，被称为“天门洞”。这个洞是由于岩溶作用形成的，终年氤氲蒸腾，充满天宫仙阁的神秘感。

武陵源　奇峰碧水的“天然迷宫”

武陵源是张家界的核心景区，这里有数千座形态各异的石峰，金鞭溪、宝峰湖等水系蜿蜒其间，形成一个奇妙的“天然迷宫”。

乾坤柱　《阿凡达》中“悬浮山”的原型

张家界的乾坤柱是《阿凡达》电影中悬浮山的灵感来源。它是一根直插云霄的巨大石柱，也称“南天一柱”。站在山脚下仰望就像走进了科幻电影。

神奇居民的朋友圈

我们猕猴家族在张家界可是“大家族”！

我们会模仿人类的动作，喜欢拍照的可以和我们互动呀！

张家界的“开心果”

猕猴

土家族民俗之旅

土家织锦

土家语叫“西兰卡普”，意思是“织着各式各样美丽图案的土家花铺盖”。土家织锦被誉为“土家之花”，是土家族文化的“活化石”。土家织锦采用“通经暗纬，断纬挖花”的手工挑花方式织造而成，体现土家族的文化魅力。

山林的“凤凰”

红腹锦鸡

我是国家二级保护动物，非常珍贵！

我的羽毛鲜艳，像凤凰一样美丽！

99+

求偶时会跳华丽的舞蹈。

“六月六”节

“六月六”节是为了纪念一位古代英雄——覃垕王。传说他为了保护土家族百姓，勇敢地与敌人战斗，最终牺牲。土家族在“六月六”节晾晒衣服，防止虫蛀霉烂。

摆手舞

摆手舞是土家族的传统舞蹈，用简单的动作讲述人类起源、民族迁徙、英雄事迹等，带有鲜明的祭祀色彩。

我是地球上现存最大的两栖动物，已经在地球上存在了3亿多年！

娃娃鱼

大鲵

我的叫声像婴儿的啼哭。

天门山游客日记

坐上世界最长的索道，我的心跳得飞快，感觉自己像飞在云端！到了山顶，我看到传说中的“天门洞”，它像一个巨大的门框嵌在山中，壮观得让我说不出话来。导游说，这个洞是由于岩溶作用形成的，已经有3亿多年的历史了。站在洞口，我不禁想：古人看到这个洞时，会不会觉得它能通往天界呢？

——亮亮

约3亿年前，张家界是一片汪洋大海，经过多次复杂的地质运动，才形成如今的石英砂岩峰林地貌。

生僻字注音 垕（hòu）

凤凰古城

沱江桨声里的湘西风情

“湘西明珠”“北平遥，南凤凰”

湖南省湘西土家族苗族自治州西南部

国家历史文化名城、中国最美丽的小城、非遗文化宝库

凤凰古城始建于清朝康熙四十三年（1704 年），距今 300 多年，是清朝重要的军事要塞，后来逐渐变成了湘西的商贸中心。沱江上商船往来，古城内店铺林立，宛如一幅流动的《清明上河图》。作家沈从文对湘西风情的文学塑造，使凤凰古城声名远播。

凤凰古城：最“吸睛”的建筑

吊脚楼

吊脚楼依山傍水而立，用木头搭建，下层堆放杂物或饲养牲畜，上层用于居住。这样的设计不仅防潮，还能防蛇虫野兽。

万名塔

万名塔坐落于沱江边，是一座七层古塔。原名“焚纸塔”，因众多募捐者参与重建而更名。

虹桥

虹桥是一座风雨廊桥，桥上有廊亭可以遮阳避雨，桥下可以过船，设计非常巧妙。

万寿宫

万寿宫始建于明末清初，曾是江西商人的会馆，现在作为博物馆承载着古城的历史记忆。

熊希龄故居

北洋政府第四任总理熊希龄的“老宅子”，是典型的苗族古院落建筑模式，极富民族风情。

最“出片”的打卡地

沱江跳岩

石墩上表演“轻功挑战”，摇摇晃晃过江去。

沈从文故居

具有湘西特色的四合院，蕴藏着文学大师的创作灵感源泉。

古城城墙

历经 400 多年的岁月沧桑，斑驳的墙体诉说往昔故事。

凤凰古城：最“好玩”的民俗

端午节抢鸭子

凤凰古城端午节抢鸭子的习俗传承数百年，既充满趣味性和竞技性，又承载着湘西人祈求生活富足的美好愿望。

端午节当天，人们将一群鸭子放入沱江，夺鸭者纷纷跳入江中争抢。抢到鸭子的被视为幸运儿。

民间扎染工艺

扎染是凤凰古城苗族传统的印染工艺，2008 年被列为国家级非物质文化遗产。

先将白布用线绳扎结起来，然后放入染缸染色，经过多次浸染和晾晒后拆线，布料上就会呈现斑斓的花纹。

凤凰古城的“文化名片”：沈从文与《边城》

沈从文是凤凰古城的“骄傲”，他的童年和少年时代都在这里度过。他的代表作《边城》中对湘西风情的刻画，正是源自在这里的生活积淀。

《边城》讲述了摆渡少女翠翠与船总家两兄弟天保、傩送之间的纯真爱情与命运纠葛。小说还描绘了湘西的自然风光、民俗风情和人文精神，比如渡船、吊脚楼等，都是湘西特有的风土人情。

翠翠

湘西自然之美的化身，代表纯真、善良的人性。

爷爷

代表湘西传统的古朴、善良、坚韧的精神品质。

等一城烟雨，
只为你；
渡一世情缘，
只和你。

"洞庭天下水，岳阳天下楼"

湖南省岳阳市岳阳楼区洞庭北路，紧靠洞庭湖

"江南三大名楼"之一，与黄鹤楼、滕王阁齐名

热评

杜甫

"昔闻洞庭水，今上岳阳楼。"
——终于亲眼见到岳阳楼啦，真激动！

李白

"楼观岳阳尽，川迥洞庭开。"
——在岳阳楼上尽览四周风光，简直绝了！

岳阳楼

范仲淹代言的"千古第一楼"

千年古楼的升级蜕变

三国时期

东汉末年横江将军鲁肃始建的阅军楼。

唐代

宰相张说改建成气势恢宏的楼阁。

宋代

文学家范仲淹让岳阳楼成了文人墨客心中的"精神圣地"。

岳阳楼的结构：古代建筑的"智慧结晶"

纯木结构

岳阳楼是一座三层四柱的纯木结构楼阁。榫卯工艺将木制构件巧妙结为整体，体现了古代建筑技艺的高超。

三层飞檐 形似展翅欲飞的大鸟

岳阳楼高 19 米，三层都有飞檐翘角。这种设计不仅美观，让楼体看起来好似一只展翅欲飞的大鸟，还能有效引导雨水排离。

独特盔顶 中国古建筑的"杰出典范"

岳阳楼的盔顶结构在中国古建筑中极为罕见，设计灵感来源于古代战士的头盔，既能防风挡雨，又能增加楼体的稳定性。

岳阳楼的“幕后推手”——滕子京

滕子京，这位被贬到岳阳的朝廷官员，可没有因为被贬官就一蹶不振。相反，他到了岳阳后，干了一件大事——重修岳阳楼。

为了让这座楼更有文化气息，他特意邀请自己的好友范仲淹为这座楼写一篇文章。于是范仲淹便写下了《岳阳楼记》。《岳阳楼记》不仅让岳阳楼声名远扬，还从侧面展现了滕子京的治理成果。

滕子京，名宗谅，字子京，河南洛阳人，是北宋时期一位颇具传奇色彩的人物。

好朋友

范仲淹并没有去过岳阳楼，他是凭借好友滕子京寄来的《与范经略求记书》和一幅《洞庭秋晚图》，写出了千古名作《岳阳楼记》。

岳阳楼的“文案大师”——范仲淹

《岳阳楼记》这篇文章不仅描绘了岳阳楼的壮丽景色，还表达了“**先天下之忧而忧，后天下之乐而乐**”的家国情怀。范仲淹用这句话告诉我们，做人要有责任感和担当，不能只顾自己，也要关心他人和社会。《岳阳楼记》不仅让岳阳楼名扬天下，还让这句名言成了无数人修身立世的座右铭。

岳阳楼诗词接龙游戏

接龙规则

- 每人轮流说出一句与岳阳楼相关的诗词，不能重复。
- 诗句必须明确提到“岳阳楼”或“岳阳”。
- 接不上来或诗词重复的人出局，最后剩下的人就是“诗词小达人”。

接龙示范

1 欲为平生一散愁，洞庭湖上岳阳楼。
——李商隐《岳阳楼》

2 岳阳城下水漫漫，独上危楼凭曲阑。
——白居易《题岳阳楼》

井冈山

永不褪色的“红色记忆”

中华人民共和国的奠基石

江西省西南部，湘赣交界处

中国革命圣地、全国爱国主义教育示范基地、全国红色旅游经典景区

中国革命的摇篮

1927 年 10 月，毛泽东率领秋收起义的部队来到这里，创建了中国第一个农村革命根据地，点燃了“星星之火，可以燎原”的革命火种。如今，井冈山成了红色研学的重要场所。

红色研学路线

龙江书院

军政院校的“摇篮”

龙江书院是中国人民解放军军政院校的摇篮，为湘赣边界工农武装割据斗争培养了一大批优秀的军政人才。

八角楼

油灯下的“革命思索”

八角楼是毛泽东在井冈山时期的住所，他在这里写下了著名的《中国的红色政权为什么能够存在？》。据史料记载，他常常在油灯下工作到深夜。

黄洋界

井冈山的“守护神”

黄洋界是井冈山的五大哨口之一，地势险要，易守难攻。1928 年，红军在这里取得黄洋界保卫战的胜利，成功击退国民党军队的进攻。

小井红军医院

战地医生的“战场”

小井红军医院是红军在井冈山建立的第一所正规医院，开创了人民军队有正规医院之先河。

茨坪革命旧址群

根据地的“心脏”

茨坪是 1928—1929 年井冈山革命根据地党、政、军重要机关的驻地，中共井冈山前委、红四军军部、军械所等重要机构都设在此处。

井冈山革命往事：那些年，红军的艰苦生活

1 井冈山的南瓜汤：

红军在井冈山时期，生活条件艰苦，常常用清水煮南瓜充饥。南瓜并不顶饿，而且南瓜吃多了，还容易胀肚子。然而南瓜汤对于井冈山上的红军来说是难得的粮食。

2 井冈山的红米饭：

红米饭是井冈山的传统主食，由红米煮成，口感较粗，价格便宜。在革命年代，红米饭是红军战士的主要食物。

3 红军的草鞋：

红军战士用稻草、旧布条编成草鞋，这种草鞋虽然简陋却轻便耐磨。红军战士正是穿着这种草鞋走过那段艰苦卓绝的岁月。

红色研学任务：井冈山革命历史的“闯关挑战”

标语搜索者

寻找墙上的革命宣言

井冈山时期，红军在墙壁上写下了许多红色标语，比如“打土豪，分田地”“工农革命军是为穷人打天下的队伍”等。这些标语简单有力，鼓舞了无数群众加入革命队伍。

红歌小达人

学唱革命旋律

井冈山时期，红军和群众创作了许多红色歌谣，比如《送郎当红军》《红米饭南瓜汤》等。

文物研究员

探索革命历史的“活化石”

井冈山革命博物馆里收藏了大量红色文物，比如朱德的扁担，见证了当年红军挑粮上山的艰苦岁月。

庐山的“天气魔法”：云雾的奇妙世界

庐山一年中大部分时间被云雾笼罩，走在山间，就像走进了仙境。庐山为什么这么多云雾呢？因为庐山海拔高，暖湿空气上升过程中遇冷凝结形成云雾。

庐山

云雾中的“诗与远方”

“诗韵仙山”“云雾奇境”

江西省九江市庐山市

中国四大避暑胜地之一、中华十大名山之一

庐山一日游攻略

轻松玩转“云中山城”

西线

如琴湖 → 花径 → 仙人洞 → 大天池

如琴湖：大自然的“小提琴”

如琴湖的形状像一把小提琴，湖水清澈，环湖步道风景旖旎，随手一拍都是如诗如画的风景大片。

仙人洞：神秘的“仙人”之家

仙人洞是一座天然形成的古老洞窟，相传唐代时吕洞宾曾在这里隐居和修炼。洞口有一块形状像蟾蜍的石头。这是经过长期的风化、侵蚀等外力作用，历经岁月雕琢后形成的独特景观。

东线 三叠泉 → 五老峰 → 大口瀑布 → 含鄱口

三叠泉：大自然的“三级跳”

三叠泉是庐山的“明星瀑布”，由五老峰和大月山的山涧水汇聚而成，像位“跳水高手”一样，分三级从悬崖上飞泻而下，总落差约为 155 米。

五老峰：五位“老爷爷”的聚会

五老峰是庐山的“五老天团”，五座山峰并肩而立，远看就像五位正在谈天说地的老爷爷，是庐山颇具辨识度的地标之一。

含鄱口：鄱阳湖的“大嘴巴”

含鄱口是庐山的“观景台”，形状像一张大嘴巴，正对着鄱阳湖，仿佛要把湖水一口吞下。登上含鄱亭，浩渺的鄱阳湖尽收眼底。

匡俗求仙——庐山名字的由来

传说周朝时期，有个叫匡俗（一说匡裕）的人，一心追求仙道。他跑到庐山深处，找了个山洞开始修炼。多年后，他声名远扬。周天子听说后，想请他出山做官。但当使者到来时，匡俗已经消失不见了，只留下他居住的草庐。人们为纪念他，就把这座山叫作“匡庐山”，后来简称为“庐山”。

庐山“最佳代言人”

豪放派

飞流直下三千尺，
疑是银河落九天。
——李白《望庐山瀑布》

点评 李白用夸张的手法，将庐山瀑布的壮观景象描绘得淋漓尽致，让人仿佛身临其境。

哲理派

不识庐山真面目，
只缘身在此山中。
——苏轼《题西林壁》

点评 苏轼的这句诗告诉我们，要跳出局限，才能看清事物的本质。

深情派

人间四月芳菲尽，
山寺桃花始盛开。
——白居易《大林寺桃花》

点评 白居易用对比的手法，突出了庐山的独特气候和美景，也表达了他对庐山的热爱和留恋。

良渚遗址

中华五千年文明史的实证

“文明的曙光”“百年百大考古发现”

浙江省杭州市余杭区瓶窑镇、良渚街道

世界文化遗产、全国重点文物保护单位

良渚文化距今约 5300 ~ 4300 年，主要分布在长江下游的太湖流域。良渚先民已掌握水稻种植、水利工程建设、玉器雕刻等先进技术，甚至建造了面积相当于 4 个故宫的古城。良渚古城遗址也因此成为实证中华五千年文明史的圣地。

良渚古城的宏大布局

良渚古城是当时一个区域性早期国家的权力与信仰中心，拥有宫殿、内城、外郭城和外围水利系统四重结构，规划严谨，功能分区明确。古城总面积 290 多万平方米，设有 9 座城门，其中仅 1 座为陆城门，其余 8 座均为水城门。

宫殿区

当时统治者居住和处理政务的地方，彰显着权力与地位。

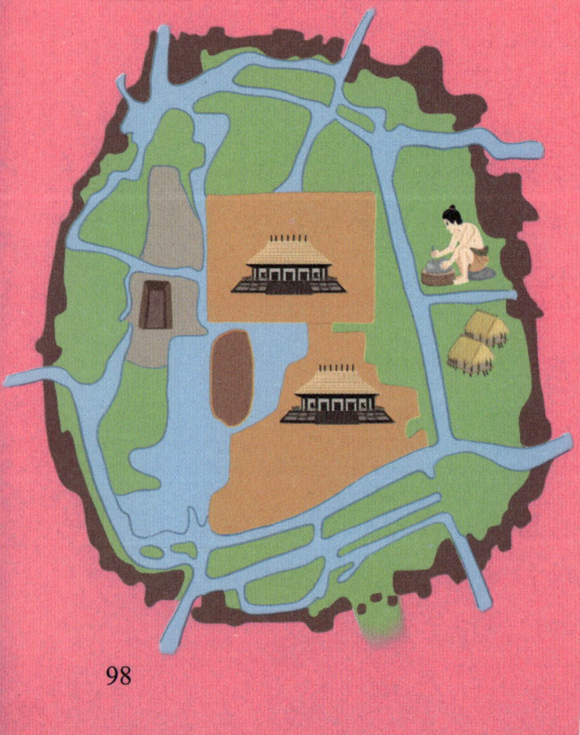

贵族住地

贵族阶层生活的区域，建筑和配套设施比较完善。

作坊与居住区

普通百姓生活和从事手工业生产的地方，有各种作坊，如制陶、制玉作坊等。

陵墓区

良渚先民安葬逝者的地方，墓葬随葬品差异明显，反映当时的社会等级制度。

粮仓

用于储存粮食，有完善的防潮、防虫等措施。

水城门

古城的水上通道，既便于运输，又具有一定的防御功能。

支撑经济的水稻种植

良渚遗址出土的分体式石犁

良渚古城地处长江下游，温暖湿润的气候十分适合水稻生长。水稻也因此成为良渚先民的主要食物，在当时经济生活中占据重要地位。

种植技术先进

良渚先民熟练掌握选种、育秧、灌溉、施肥等田间管理技术，能够保障水稻产量和质量。

种植规模可观

考古发现余杭茅山遗址有大面积古稻田，证明当时水稻种植已实现规模化，能满足众多人口的粮食需求。

生产工具多样

这里有成套的农业工具，包括石斧、石刀、石墨盘、石犁等。这些石制农具提高了生产效率。

高低坝组合的水利工程

规模宏大的水利系统由山前长堤、谷口高坝和平原低坝组成，不仅可以抵御洪水，还可以灌溉和运输。这样宏大的水利系统，离不开“草裹泥”这种古老建材。

草裹泥

顾名思义就是用草茎包裹泥块，再绑扎固定，采用纵横交错方式堆筑。草裹泥是良渚时期的常用建材。

古老神秘的玉器王国

良渚文化的玉器文化高度发达。玉器不仅是实用工具与装饰品，更是构建社会秩序、承载精神信仰的重要载体。

玉琮

外方内圆的柱形礼器，刻有“神人兽面”纹，用于祭祀天地神灵。

玉钺

造型呈“风”字形的玉器，顶部有钻孔，刃部锋利，象征军事指挥权。

“神人兽面”纹

又称良渚神徽，这种图案上部为头戴羽冠的神人形象，中部是兽面，下部为兽足，仅发现于显贵者大墓出土的玉器上，显示出其使用上的严格身份限定。

西湖

“三面云山一面城”的江南诗画

- 别名钱塘湖、西子湖
- 浙江省杭州市
- 江南三大名湖之一、国家 5A 级旅游景区、世界文化遗产

西湖，宛如镶嵌在杭州的一颗明珠，三面青山环抱，湖水碧波荡漾，既有“断桥残雪”“苏堤春晓”等十大经典美景，又流传着许仙、白娘子的浪漫传说与千年文人墨客留下的诗词墨宝，堪称“东方美学教科书”。

西湖漫游“淡妆浓抹总相宜”

断桥

位于白堤东端起点，因《白蛇传》传说和冬日雪后似断非断的奇景闻名。

保俶塔

矗立于宝石山上的八面七层古塔，与雷峰塔遥相对望，见证了杭州的岁月变迁。

岳王庙

西湖畔纪念抗金名将岳飞的祠庙，始终守护着“尽忠报国”的民族魂。

三潭印月

相传为苏轼疏浚西湖时设的三座石塔。第五套人民币 1 元纸币背面图案就是“三潭印月”景观。

雷峰塔

因《白蛇传》中“镇压白娘子”的传说家喻户晓，塔下其实“压着”鎏金纯银阿育王塔等珍贵宝物。

西湖治理“绿杨阴里白沙堤”

唐代

“基建能臣”白居易

822年，白居易任杭州刺史。在任期间，他主持修建堤坝，整治“白沙堤”，还在堤上种植桃树和柳树，写下“**最爱湖东行不足，绿杨阴里白沙堤**”的诗句。

宋代

“治湖达人”苏东坡

1089年，苏轼第二次到杭州任职其间，他组织20万民工利用西湖挖出的淤泥筑成苏堤。为防止湖中水草滋生，他鼓励人们在湖中种菱角——既美化环境又增加收入。

神话传说，西子湖畔的浪漫绝唱

- **白蛇传**

修炼成人形的白蛇白素贞与书生许仙在西湖断桥相遇相恋，但他们的爱情却遭到法海和尚阻挠，白素贞被镇压在雷峰塔下，演绎出一段凄美的爱情故事。

- **梁祝**

才女祝英台女扮男装求学，与同窗梁山伯相爱，却因家庭反对无法相守，死后双双化蝶，在山水间翩翩起舞，成就了一个不能同生但求同死的追求自由爱情的神话。

歌咏不绝，描画不尽的自然风光

雨天

黑云翻墨未遮山，
白雨跳珠乱入船。

——苏轼《六月二十七日望湖楼醉书》（节选）

形象地写出了西湖夏日暴雨骤来时，乌云如墨、雨点似珠的动态画面。

春景

孤山寺北贾亭西，
水面初平云脚低。
几处早莺争暖树，
谁家新燕啄春泥。

——白居易《钱塘湖春行》（节选）

描绘了西湖早春时春水初涨、莺歌燕舞的生机勃勃之景。

夏景

毕竟西湖六月中，
风光不与四时同。
接天莲叶无穷碧，
映日荷花别样红。

——杨万里《晓出净慈寺送林子方》

再现了西湖六月碧绿的莲叶无边无际，荷花娇艳欲滴的盛夏美景。

走近鲁迅

姓名：本名周樟寿，后改名周树人

出生地：浙江省绍兴市越城区鲁迅中路 241 号

文化地位：中国现代文学奠基人、新文化运动旗手，被誉为“民族魂”

小说集：《呐喊》《彷徨》《故事新编》

散文集：《朝花夕拾》《野草》

杂文集：《坟》《热风》《华盖集》等

学术著作：《中国小说史略》

绍兴鲁迅故居

穿越时空，遇见少年鲁迅

打卡绍兴，解锁语文课本里的文学地标

还记得语文课本里鲁迅先生的那些作品吗？孔乙己的茴香豆、水雾中的乌篷船、百草园里的蟋蟀、三味书屋的“早”字……鲁迅先生在《故乡》中自称“迅哥儿”，今天我们就循着鲁迅的文学记忆，去绍兴探访语文课本里的“秘密基地”。

打卡路线

鲁迅故居

鲁迅出生、成长的宅院，《朝花夕拾》里长妈妈讲故事场景的灵感来源地。

百草园

鲁迅散文里的“童年乐园”。园内有菜畦、石井栏、皂荚树等，还原了《从百草园到三味书屋》中的场景。

鲁迅祖居

生僻字注音 畦（qí）

文学原型朋友圈

阿Q

出自《阿Q正传》。创作原型糅合了周家短工谢阿桂（爱顺手牵羊）、族人周桐生（绰号“桐少爷”）等形象。这个穿破夹袄的流浪汉，用“精神胜利法”把挨打说成“儿子打老子”。鲁迅对阿Q“精神胜利法”的刻画是对国民性弱点的反省和对民族的自我批判。

孔乙己

出自《孔乙己》。其形象源自鲁迅观察的科举悲剧群体，如常在咸亨酒店喝酒的“孟夫子”（偷书被打断腿的文人）等。站着喝酒却穿长衫的他，成了当时迂腐文人的经典形象。

长妈妈

出自《阿长与〈山海经〉》。长妈妈是鲁迅儿时的保姆，虽没什么文化，粗俗且迷信，睡觉还爱摊开“大”字身形占地方，但对鲁迅关怀备至，并费尽周折为鲁迅买来《山海经》。这一行为让鲁迅感受到她真挚的爱。

请将下面这些台词或语句带到鲁迅故居的相应景点中，并合影打卡：

多乎哉，不多也！

儿子打老子！

Ade，我的蟋蟀们！Ade，我的覆盆子们和木莲们！

三味书屋

鲁迅求学的地方，也是“全城最严厉的书塾”。《朝花夕拾》记载的“早”字刻痕已佚，现存为复原品。

土谷祠

现实存在的土地庙，《阿Q正传》中阿Q的常驻地。农历四月十四庙会延续至今。

咸亨酒店

酒店创建于清光绪二十年（1894年）。《孔乙己》中“温两碗酒，要一碟茴香豆”的场景在此具象化。现为黄酒文化体验点。

鲁迅纪念馆

福建土楼

中国民居建筑的瑰宝

在福建省的西南部，尤其是龙岩和漳州地区，分布着一种奇特的**“大碉堡”**。它们有的像圆圆的竹筒，有的像方方的盒子。

“东方古城堡”“世界民居建筑的奇葩”

福建省漳州市、龙岩市等地

电影《大鱼海棠》《花木兰》的取景地

房间

像“切蛋糕”一样，每户房间大小相同，朝向由抓阄决定。

水井

大家共用一口水井，打水时可以聊天，分享一天的趣事。

代表性土楼的始建时间

元末明初	永乐年间	崇祯年间	1740 年	1799 年	
裕昌楼	集庆楼	承启楼	二宜楼	绳庆楼	
1842 年	1849 年	1905 年	1912 年	1949 年	1979 年
衍香楼	庚庆楼	怀远楼	振成楼	共庆楼	善庆楼

土楼也有“身份证”

每座土楼都有自己的名字，比如“**承启楼**”“**振成楼**”，这些名字寄托了家族对未来的期望。

	外号	特点
承启楼 （土楼界的“超级巨星”）	土楼王	它是最大的圆形土楼，直径达到 73 米，就像一座巨大的城堡。
振成楼 （土楼界的“高富帅”）	土楼王子	它是福建土楼的典型代表，融合了中西方风格，设计精美。俗称“八卦楼”。

祠堂

这里是家族的“精神中心”，大家在这里祭拜祖先。

厨房

土楼里的厨房可以同时做几百人的饭，像个“大食堂”。

土楼为什么建成“大碉堡”的样子？

古时的福建山区不时受到盗贼和野兽的侵扰，再加上战乱频繁，地震、台风时有发生，于是当地人把土楼建成碉堡的模样。楼里有水井、粮仓，甚至还能养牲畜。如果遭到敌人围困，土楼的居民可以在楼里生活几个月，完全不用担心断水断粮。

住在“大碉堡”里是什么感觉？

一个土楼里通常住着一个大家族，几十户人家共享一个空间。大家互相帮助，和睦相处。这种大家族文化，凝聚着中国“血浓于水”的亲情观。

土楼的“防御技能”

满分！

土楼的外墙经过反复夯筑，坚硬得如同混凝土，厚度 1～2 米。土楼的外墙仅在较高楼层设有少量小窗，同时分布着一些射击孔，既能通风，又能用来观察敌情和射箭。土楼的大门通常由厚木板制成，外面包上一层铁皮，防火又防撞。

结构	历史	寓意
它有 4 层楼，内外共 4 圈，房间达 400 间，最多时住过 800 多人。	它始建于崇祯年间，已经有近 400 年的历史了。	它的名字有“**承前启后**”之意，寓意家族代代兴旺。
它由内外两圈组成，外圈是住宅，内圈是祠堂和客厅，中间还有一个大花园。	它建于 1912 年，是土楼中的“年轻人”。	它的名字有“**振兴家族**”之意，寓意子孙后代都能成才。

生僻字注音 庚（gēng） 阄（jiū） 夯（hāng）

鼓浪屿

群星璀璨的“海上花园”

《鼓浪屿之波》

02:40 04:06

鼓浪屿海波在日夜唱

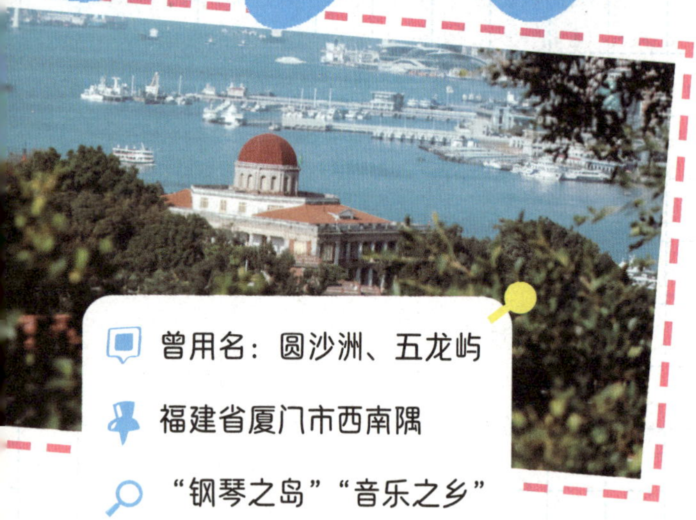

曾用名：圆沙洲、五龙屿

福建省厦门市西南隅

“钢琴之岛”“音乐之乡”“万国建筑博览馆”

鼓浪屿，这座位于厦门市西南的“袖珍海岛”，虽然面积只有1.88平方千米，却是座“小巧精致，五脏俱全”的宝藏小岛。它不仅风景如画，还蕴藏着丰厚的历史文化，曾有众多名人在此居住、学习、生活，简直是一个“历史与文化的百宝箱”。

自然风光之旅：小岛的“绿色探险”

1 必打卡自然景点：小岛的『绿色宝藏』

HOT

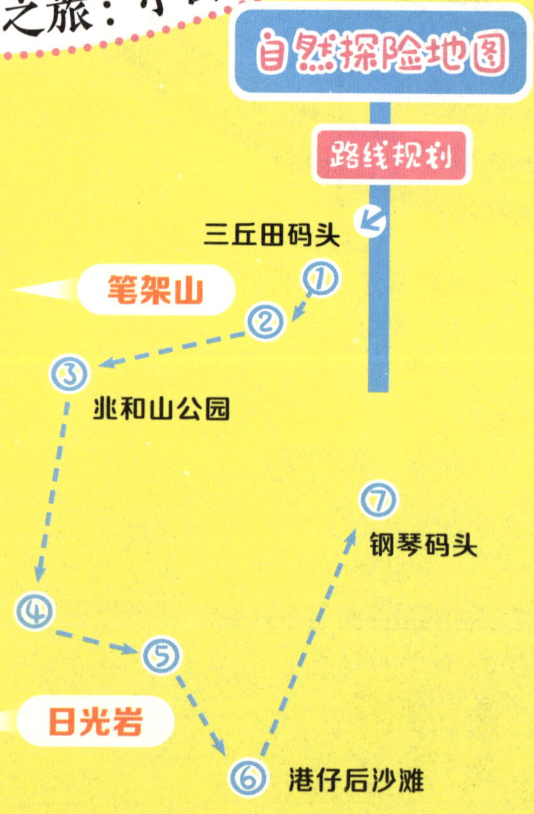

笔架山

小岛的“**秘境绿洲**”。这里植被茂密，拥有榕树、相思树等多种亚热带植物，登顶后可以饱览周边海域风光。

鼓浪石

小岛的“**命名之源**”。这块礁石可不普通，据说它被海浪拍打时会发出像鼓声一样的声音，鼓浪屿因此得名。

日光岩

小岛的“**最高点**”。可以俯瞰整个小岛。虽然爬上去需要一点儿体力，但在看到美景的那一刻，你会觉得一切都值得。

历史文化之旅：小岛的“回忆放映机”

历史之旅地图

路线规划

英国领事公馆旧址

郑成功纪念馆

菽庄花园

皓月园

2 必打卡历史文化景点：小岛的“故事宝藏”

英国领事公馆旧址

小岛的“**欧洲风情名片**”。红砖墙搭配拱形门窗，记载着厦门作为近代中国首批通商口岸的沧桑变迁。

郑成功纪念馆

英雄的“**传奇档案库**”。以各种文物、文献、照片、雕塑、模型，系统地展示了郑成功的家史及收复台湾，驱逐荷兰殖民者的历史过程。

皓月园

永恒的“**英雄气概**”。这座滨海园林里有一座巨大的郑成功雕像，面向大海，仿佛在守护这座小岛。

寻找名人足迹之旅：卧虎藏龙的“明星岛”

幽默闲适的文学大师

林语堂

林语堂是中国现代作家，他的长篇小说《京华烟云》用幽默的笔法书写了人间百态。他的故居位于鼓浪屿漳州路。

钢琴之岛的音乐天才

殷承宗

殷承宗是著名的钢琴家，是鼓浪屿“钢琴之岛”美誉的代表人物之一。他出生并成长于鼓浪屿鸡山路。

中国妇产科学的开拓和奠基人

林巧稚

林巧稚是中国现代妇产科学的奠基人之一，被称为“万婴之母”。她的故居在晃岩路，她在这里出生并度过了童年。

中国第一位体育教授

马约翰

马约翰是中国现代体育教育的奠基人之一。他出生在鼓浪屿，四周都是大海的自然条件为他提供了独特的活动空间。他的“体育强国”理念影响深远。

桂林山水

碧水奇峰织就的天然锦画

"桂林山水甲天下"

广西壮族自治区桂林市

桂林喀斯特被列入《世界自然遗产名录》

打卡路线

象鼻山 → 伏波山 → 漓江 → 兴坪古镇 → 阳朔西街 → 十里画廊

桂林的山

桂林的山是大自然的杰作，具有奇、秀、险的特点，在山间云雾的映衬下，像一幅水墨画卷。

象鼻山

桂林的明星山

这座山像大象在喝漓江水，传说是由一头被天帝惩罚的神象幻化而成。象鼻山三分之二是空心的，尤其是"大象肚子"里，藏着一个冬暖夏凉的溶洞。

伏波山

孤峰突起，半枕陆地，半插江潭，有"伏波胜景"之美称。因唐代曾在山上修建伏波将军马援祠而得名。

叠彩山

山上岩石层层叠叠，半山腰还有"风洞"，炎炎夏日走进去就像钻进空调房一样。

山顶有一块石碑，上面写着"登上叠彩山，活到一百三"，寓意爬上山的人都会健康长寿。

桂林的水

漓江是桂林的“灵魂”。它清澈见底，像一面巨大的镜子，映照出桂林的山川美景。乘船游漓江，游客感觉仿佛在画中穿行。

漓江渔火

渔民在夜晚的江上捕鱼，除了会点亮渔火吸引鱼群，还会带上**鸬鹚**。这些聪明的鸟儿潜入水中捕鱼，渔民提前在它们脖子上套上特制的铜环，所以它们捕到鱼后无法吞下去。

九马画山

漓江边有一座山叫“九马画山”，传说山壁上藏着九匹马。有机会你可以试试，看自己能找到几匹马。

黄布倒影

漓江有一段水域叫“黄布倒影”。其绝美风光已成为20元人民币背面的经典图案。

带上面值20元的人民币，去和人民币背面的漓江山水合个影吧！

畅游桂林

象鼻山的门票免费，在滨江路对面的江边拍照，能拍到『大象』喝水的全景。

亚洲

世界第一大洲，东方文明的『老字号』

地理之最

- 世界海拔最低的咸水湖：死海—“不沉之海”
- 世界最深的淡水湖：贝加尔湖—“西伯利亚的蓝眼睛”
- 世界最高峰：珠穆朗玛峰—“地球之巅”
- 世界最高的高原：青藏高原—“世界屋脊”

全称“亚细亚洲”，意为“日出之地”或“东方”

七大洲中面积最大、人口最多

“世界四大文明古国”中的中国、古印度和古巴比伦都在亚洲

日本 首都 | 东京

日本是由四个大岛（北海道、本州、四国、九州）和几千个小岛组成的岛国。

日本经常发生地震和火山喷发，但也因此拥有丰富的温泉资源。

金阁寺 一座用金子“贴”出来的寺庙

寺内核心建筑的外墙贴满了金箔，金光闪闪，金阁寺因此而得名。它原本是日本幕府将军足利义满的别墅。金阁寺第一层是寝殿造风格，第二层是武士造样式，第三层是禅宗佛殿样式。

东京塔 东京的“大高个儿”

东京塔最初是电视信号发射塔，现在成了东京的标志。它比法国巴黎的埃菲尔铁塔还要高，站在塔上可以俯瞰东京，甚至能看到富士山！

富士山 一座正在“睡觉”的活火山

富士山是日本最高的山，山顶常年积雪，像戴着一顶小白帽，景色秀美壮丽。它虽然是一座活火山，但已经“沉睡”300多年了。

印度 首都 | 新德里

- 古印度是“四大文明古国”之一。现代印度则是南亚最大的国家，且人口已经超过中国，成为世界人口最多的国家。
- 从洒红节的彩色粉末到排灯节的灯火辉煌，印度的节日很有仪式感。

泰姬陵 一座用大理石写的情书

泰姬陵是莫卧儿帝国的皇帝沙贾汗为爱妃建造的陵墓，主体用白色大理石打造，四周镶嵌着宝石，具有很高的艺术价值，是“世界新七大奇迹”之一。

恒河 印度的“母亲河”

恒河是印度的母亲河，是数亿人的生活命脉，孕育了古老的文明。印度人对恒河有极为深厚的感情，恒河每年吸引数百万信徒前来朝圣沐浴。

阿联酋 首都 | 阿布扎比

- 全称是阿拉伯联合酋长国。阿联酋大部分是沙漠，但地下藏着“黑金”——石油，被戏称为“土豪之国”。
- 迪拜是阿联酋的经济金融中心。当地警察巡逻用的都是豪华跑车，宛若好莱坞大片中的梦幻场景。
- 哈利法塔高 828 米，是世界最高的建筑，堪称诞生在沙漠中的奇迹。

哈利法塔，迪拜，阿联酋

东南亚地区 包含新加坡、柬埔寨、泰国等 11 个国家

东南亚位于亚洲东南部，靠近赤道，气候炎热多雨。

东南亚盛产橡胶、椰油、香料、水稻，是世界热带农产品的天然宝库。

必打卡景点

鱼尾狮
新加坡的“喷水吉祥物”。

吴哥窟
柬埔寨的“国宝”，世界上最大的庙宇类建筑。

下龙湾
越南的“海上桂林”。

普吉岛
泰国最大的岛屿，东南亚极受欢迎的度假胜地。

欧洲

发达国家最多的大洲，近代科学发源之地

地理之最

- 欧洲最高峰：厄尔布鲁士山—俄罗斯的“屋顶”
- 欧洲最长河：伏尔加河—俄罗斯的“母亲河”
- 世界面积最大的国家：俄罗斯—横跨多个经度
- 世界面积最小的国家：梵蒂冈—艺术和文化宝库

全称是“欧罗巴洲”

面积只比大洋洲大，人口仅次于亚洲和非洲

文艺复兴、启蒙运动、工业革命都是从这儿开始的

英国 首都｜伦敦

全称是大不列颠及北爱尔兰联合王国。英国位于欧洲西部，由大不列颠岛（包括英格兰、苏格兰、威尔士）、爱尔兰岛东北部和一些小岛组成。

四面环海，天气多变，英国人非常爱聊关于天气的话题。

大本钟 伦敦的“时间守护者”

伊丽莎白塔，俗称大本钟，是世界上著名的哥特式建筑之一。大本钟每隔一小时报时一次，钟声浑厚有力，数千米之外都能听到。

大英博物馆 世界的“历史宝库”

大英博物馆是世界四大博物馆之一，拥有800多万件藏品。博物馆免费开放，游客可以自由参观，是历史爱好者不容错过的目的地。

伦敦塔桥 泰晤士河上的“变形金刚”

伦敦塔桥桥身分上下两层，上层只通行人，可以俯瞰泰晤士河的美景；下层可通行车辆和行人，当大船需要经过时，桥面能像“开门”一样缓缓升起，让出航道。

法国 首都 | 巴黎

- 法国位于欧洲西部，其轮廓像六边形，临近大西洋和地中海。
- 普罗旺斯盛产薰衣草。每年6月，这里就像被紫色颜料泼过一样。

埃菲尔铁塔 会“长高”的钢铁巨人

埃菲尔铁塔是为了庆祝法国大革命100周年而建造的，高330米。受温度影响，它每年夏天“长高”，冬天则恢复原状。

巴黎圣母院 “钟楼怪人”的家

巴黎圣母院建于1163年，已经有800多岁了。雨果笔下《巴黎圣母院》里的怪人卡西莫多就住在圣母院的钟楼里。

卢浮宫 世界著名的艺术殿堂

卢浮宫原本是法国国王的宫殿，后来成为了博物馆。达·芬奇创作的肖像画《蒙娜丽莎》是“卢浮宫三宝”之一。

意大利 首都 | 罗马

- 意大利的主体轮廓像一只靴子，踢着两颗“球”——西西里岛和撒丁岛。
- 意大利是古罗马文明的发源地，斗兽场是古罗马人看角斗士比赛的地方。
- 比萨斜塔倾斜了几百年都没倒，成了“最顽强的建筑”。

景点推荐

丹麦首都哥本哈根
参观小美人鱼铜像。

瑞典首都斯德哥尔摩
去瓦萨博物馆的沉船上探险。

芬兰罗瓦涅米
拜访圣诞老人村。

冰岛雷克雅内斯半岛
边泡温泉边欣赏绚烂的极光。

非洲

世界最热大洲，野生动物的神奇王国

地理之最

- 世界最大的沙漠：撒哈拉沙漠——“死亡沙海”
- 世界最长的河流：尼罗河——流经 11 个国家
- 世界最长的海峡：莫桑比克海峡——海上咽喉要道之一

全称“阿非利加洲”

面积和人口均仅次于亚洲，居世界第二

人类的“摇篮”，有最早的智人化石。

埃及 首都｜开罗

古埃及是“世界四大文明古国”之一，具有辉煌灿烂的文明。

埃及约 94% 的国土是沙漠，绝大部分水资源来自尼罗河。

金字塔 古埃及的“超级工程”

金字塔是古埃及法老的陵墓。最著名的胡夫金字塔原高 146.59 米（现高约 136.5 米），建造时使用了约 230 万块石头，每块重 2.5 吨。这些设计精密、工程浩大的宏伟建筑是古埃及人智慧的结晶。

狮身人面像 沙漠中的“谜语大师”

传说狮身人面的斯芬克斯守在路口，让行人猜谜语，答错的人就会被它吃掉。而现实中的狮身人面像是用一整块巨石雕成的，面部五官据说以哈夫拉法老为原型。

尼罗河 埃及的“生命线”

没有尼罗河，埃及就是一片沙漠。这条河流周期性泛滥给两岸带来肥沃的泥土。古埃及人根据尼罗河的泛滥周期制定了历法，将一年分为泛滥季、生长季和收获季三个季节。

肯尼亚 首都 | 内罗毕

我就是角马家族老大。

- 每年7月，马赛马拉草原上有上百万的角马渡河迁徙，鳄鱼和河马现场“围观”，一场生与死的博弈在此上演！
- 肯尼亚有40多个部族。马赛人以跳高和红色披风闻名，基库尤人是农业高手。

东非大裂谷 地球“最美丽的伤疤”

东非大裂谷纵贯肯尼亚，是地球大陆上最长的断裂带，是地球板块运动的结果。这里有天然的湖泊群，狮子、大象、火烈鸟等动物都喜欢在这儿“打卡”，堪称野生动物的“露天浴场”。

乞力马扎罗山 赤道上的“冰雪奇观”

乞力马扎罗山是非洲最高的山脉。它位于赤道附近，山顶却终年积雪，形成了独特的“赤道雪峰”奇观。从山脚的热带雨林，到半山腰的高山草甸，再到山顶的冰雪世界，各种动植物在这里“安家落户”。

南非 立法首都 | 开普敦

大西洋沿岸的开普敦

- 南非位于非洲大陆的最南端，东濒印度洋，西临大西洋。
- 南非是世界上唯一一个拥有三个首都的国家。
- 南非有12种官方语言，文化多元，因此被称为“彩虹之国”。
- 南非戴比尔斯公司是全球最大、历史最悠久的钻石矿业公司。

马达加斯加 首都 | 塔那那利佛

马达加斯加位于印度洋西南部，和非洲大陆已经“分家”约8800万年。

狐猴、马岛獴、猴面包树，这些动植物全是别处看不到的“限定版”。

在马达加斯加，牛是财富的标志，人们对牛有近乎狂热的崇拜。

北美洲

世界第三大洲，哥伦布发现的『新大陆』

地理之最

- 世界面积最大的淡水湖：苏必利尔湖→面积 8.21 万平方千米
- 沿岸国最多的大海：加勒比海→著名海盗："黑胡子"
- 北美洲最长的山脉：落基山脉→"北美洲的脊梁"
- 北美洲最长的河流：密西西比河→"北美众水之父"

全称"北亚美利加洲"

面积仅次于亚洲和非洲，人口在七大洲中位居第四

欧洲探险家的"新大陆"

美国 首都 | 华盛顿

美国幅员辽阔，从东海岸的纽约到西海岸的洛杉矶，开车得累趴下！

美国是世界上最大的移民国家，各种文化在这里碰撞融合，好似一个"大熔炉"。

自由女神像

纽约港的"欢迎大使"

自由女神像矗立在纽约港，是美国的象征。雕像高约 93 米，女神右手高举着火炬，左手执一本《独立宣言》。这座雕像是法国送给美国独立 100 周年的礼物，象征着友谊与合作。她的王冠上的 7 道光芒代表着七大洲。

林肯纪念堂

华盛顿的"历史课堂"

林肯纪念堂位于华盛顿特区，是一座庄严的白色大理石建筑，为纪念美国第 16 任总统亚伯拉罕·林肯而建。纪念堂里有一座巨大的林肯坐像。

科罗拉多大峡谷

亚利桑那的"自然奇迹"

科罗拉多大峡谷是地球上最壮观的峡谷之一，长约 446 千米，深约 1.6 千米。大峡谷的颜色随着太阳光线的强弱而变化，从红色到金色，美得让人惊叹。岩层记录了地球近 20 亿年的历史，就像一本打开的"地质史教科书"。

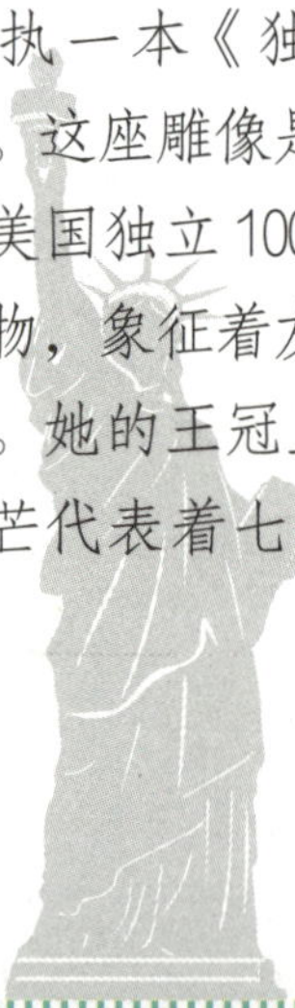

加拿大 首都|渥太华

加拿大面积居全球第二，仅次于俄罗斯，但人口密度很低，有很多无人区。

国旗上的红色枫叶，象征着生活在加拿大国土上的各个族裔的人民。在加拿大长期的文化传统中，枫叶是加拿大的标志，枫叶糖浆是原住民赖以生存的重要资源。

尼亚加拉大瀑布 大自然的“水幕电影”

尼亚加拉大瀑布位于安大略省和美国纽约州的交界处。尼亚加拉河丰沛的水流在陡崖处落下，水雾冲天，阳光下常常能看到彩虹，简直是大自然的“水幕电影”。

有缘的话可以看到彩虹！

白求恩故居 一位“国际医生”的故事

白求恩故居位于安大略省的格雷文赫斯特小镇，是加拿大著名的历史景点。白求恩在抗日战争期间来到中国，在前线救死扶伤，成为中加友谊的象征。

墨西哥 首都|墨西哥城

领土呈羊角形，自然资源丰富，被称为“多宝的羊角”。

墨西哥人在亡灵节用手工艺品和鲜花装饰墓地、祭坛，以纪念逝去的亲人。

我承载着玛雅文明的神秘与辉煌。

库库尔坎金字塔 玛雅人的“光影魔术”

库库尔坎金字塔高约29米，四面各有91级台阶，加上顶端平台的神庙，总计365级台阶，代表一年中的365天。每年春分和秋分时节，阳光会在金字塔的阶梯上投下蛇形阴影，仿佛羽蛇神从天而降，这场“光影秀”持续了上千年，至今仍让人惊叹不已。

南美洲

世界第四大洲，狂野的桑巴舞王

地理之最

- 世界最长的山脉：安第斯山脉——“南美洲的脊梁”
- 世界水量最大的河流：亚马孙河——南美第一大河
- 世界最大的雨林：亚马孙雨林——“地球之肺”
- 世界落差最大的瀑布：安赫尔瀑布——惊世飞瀑

全称“南亚美利加洲”

面积全球第四，人口比欧洲还少

19 世纪初，在玻利瓦尔和圣马丁等人领导下，南美许多国家陆续独立。

巴西 首都 | 巴西利亚

巴西是南美洲的“巨无霸”，面积约占南美洲的一半。

巴西人对足球的热爱深入骨髓。从街头到球馆，人人都是“未来球星”。

桑巴舞是巴西民间最流行的群众性舞蹈，表现了巴西人的热情与奔放。

甜面包山

里约热内卢的地标

一座山长得像巨大的甜面包，是不是很有趣？在巴西里约热内卢，就有这样一座山，叫甜面包山。这座山最高点海拔 394 米，圆圆的山峰就像刚出炉的面包。乘坐缆车登上山顶，可以俯瞰整个里约热内卢的美景。

亚马孙雨林

地球之肺

亚马孙雨林的面积约 700 万平方千米，大部分在巴西。它是地球上最大的热带雨林，被称为“地球之肺”。这里是生物多样性的宝库，聚集了 250 万种昆虫，拥有上万种植物、大约 2000 种鸟类和哺乳动物。

基督山

张开双臂的“守护者”

在里约热内卢的科尔科瓦多山上，有一座巨大的耶稣基督雕像。这座雕像高约 38 米，张开双臂，好像在拥抱整个城市。这座雕像不仅是巴西的象征，也是“世界新七大奇迹”之一，吸引着来自世界各地的游客。

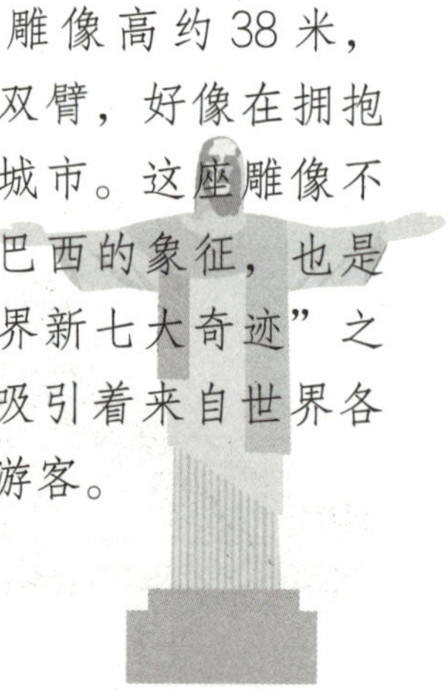

智利 首都 | 圣地亚哥

- 地理位置独特，夹在安第斯山脉和太平洋之间，南北跨越了约 39 个纬度。
- 围牛比赛是当地的特色运动项目，这项活动需要两名选手协作将一头公牛逼入指定区域。

复活节岛 太平洋上的“石像谜团”

复活节岛因其地理位置和独特形状，被称为“地球的肚脐”。这座岛上有近千尊石像。这些石像个个身形巨大，神情严肃，吸引了众多游客和研究者。

我们要保持神秘感！

我的干燥让你感到可怕！

阿塔卡马沙漠 地球上最像火星的地方

阿塔卡马沙漠是世界上最干旱的地方，被称为“旱极”。只有极少数生物，如地衣和仙人掌，能够存活。因为它的环境非常像火星，所以科学家们经常来这里研究，美国航空航天局甚至在这里测试火星探测器。

阿根廷 首都 | 布宜诺斯艾利斯

马黛茶是阿根廷人的传统饮品

- 伊瓜苏瀑布是世界上最宽的瀑布，洪水期时宽度可达 4 千米。
- 莫雷诺冰川是世界上少数仍在增长的冰川之一，储存着大量的淡水。

景点推荐

秘鲁的马丘比丘遗址

印加帝国的“失落之城”。

厄瓜多尔的加拉帕戈斯群岛

达尔文的“进化实验室”。

玻利维亚的乌尤尼盐沼

巨大的“天空之镜”。

美到无法呼吸！

大洋洲

世界最小洲，古老动物的聚集地

地理之最

- ✦ 世界最大的珊瑚礁群：大堡礁
- ✦ 世界最大的裸露砂岩单体岩石：艾尔斯巨石
- ✦ 世界上唯一一个独占整个大陆的国家：澳大利亚

“南方的大陆”“生态方舟”

世界上面积最小的大洲、人口最少的大洲（南极洲除外）

岩画是澳大利亚原住民对史前时代的记录。

澳大利亚 首都 | 堪培拉

澳大利亚位于南太平洋和印度洋之间，属于南半球。

澳大利亚畜牧业发达，被称为“骑在羊背上的国家”。

悉尼歌剧院 贝壳里的音乐梦

这座位于悉尼港的白色建筑，像一堆巨大的贝壳，又像扬起的风帆，是澳大利亚最著名的地标。它不仅被列入《世界遗产名录》，还是繁忙的表演艺术中心之一。

悉尼港湾大桥 钢铁巨人的“衣架”

悉尼港湾大桥巨大的拱形结构极像晾衣架。这座桥桥身（包括引桥）长 1149 米，从海面到桥顶高 134 米。

大堡礁 海底的“彩虹城”

大堡礁是世界上最大的珊瑚礁群，面积 20.4 万平方千米，生存着 1500 多种鱼类和 400 余种珊瑚。大堡礁是一个杰出的生态系统范例。巨大规模和高度的生物多样性支持着数以万计的海洋和陆地物种，具有全球保护意义。

艾尔斯岩 变色巨岩的魔法秀

艾尔斯岩高约 335 米，基围约 9 千米，被称为“澳大利亚的红色心脏”。每日早晚岩石山颜色可随日光照射强度的不同而变幻，呈现淡红、紫红、橘红、大红、赭红等多种色彩。土著人称它为“乌鲁鲁”。

新西兰 首都 | 惠灵顿

新西兰位于太平洋西南部，与澳大利亚隔海相望。

新西兰畜牧业发达，被称为“绵羊之国”。

天空塔 奥克兰的“天空之针”

这座高328米的塔是南半球最高的独立建筑，像一根巨大的针插入奥克兰的天空。你可以乘电梯到观景台，俯瞰整座城市，甚至体验“天空漫步”——在192米高的玻璃地板上行走，感受心跳加速的刺激！

霍比特村 中土世界的“迷你王国”

这里是电影《指环王》和《霍比特人》的取景地，44个霍比特人洞屋散落在绿意盎然的山坡上，仿佛童话世界。你可以参观比尔博·巴金斯的家，或者在绿龙酒馆喝一杯“霍比特啤酒”，感受中土世界的魅力！

怀托摩萤火虫洞 地下溶洞里的“星河”

这个洞穴里住着成千上万的萤火虫，它们发出的蓝色光芒像星星一样点缀在洞顶，仿佛地下的星河。你可以乘小船在黑暗中漂流，体验这场大自然指挥的“灯光秀”。

欢迎来这里做客！

神奇动物在这里

几维鸟

新西兰国鸟，翅膀和尾巴都已退化，腿短而粗，却跑得很快。

鸭嘴兽

哺乳界的另类。

考拉

行动迟缓的“睡眠冠军”。

鸸鹋

别称“澳洲鸵鸟”，是澳大利亚的国鸟。

岛国众多

瑙鲁

人口约1.3万，曾靠鸟粪致富。

斐济

男子爱戴花和穿裙子，穿着裙子的警察们指挥交通也是街头一景。

纽埃

由纽埃岛和三个珊瑚岛礁组成。虽然拥有独立主权，却非联合国会员国，与新西兰关系密切。

生僻字注音 鸸鹋（ér miáo）

最美的风景在路上，期待和你的下次相遇！